새로 바뀐
대입자기소개서
자연계열

새로 바뀐
대입자기소개서
자연계열

대치동 입시컨설턴트가 알려주는
2022, 2023 자소서 작성비법

어준규 지음

길위의책

2022, 2023학년에 입시를 치른다면
자기소개서는 써야 한다

제가 집필한 자기소개서 작성법에 관한 책이 많은 사랑을 받아 입시 분야는 물론 청소년 분야 베스트셀러에 선정됐습니다. 저자로서 자랑스러운 경험이지만 한편으론 씁쓸합니다. 대한민국의 입시제도가 늘 어려웠다고 했지만, 줏대 없이 수시로 바꾼 나쁜 입시 덕분이 아닌가 하는 생각이 들었기 때문입니다. 특히 올해 이런 입시의 변화 속에서 많은 곤혹을 치르고 있는 게 자기소개서입니다. 누구는 평가에 꼭 필요하다고 하고, 누구는 없애자고 하고 이리저리 휩쓸리다가 결국 2024학년도부터는 없애질 운명에 처해 있습니다. 또 점진적으로 자기소개서를 반영하는 대학들이 줄어가는 상황에서 자기소개서는 써야 하는 것인지, 쓴다면 양식이 바뀌었는데 또 어떻게 쓸 것인지 고민이 많을 거라고 생각합니다. 그래서 두 가지 질문에 답을 드리고자 기존의 책을 새로 씁니다.

1) 자기소개서, 준비해야 하는가?
2) 자기소개서, 양식 변화에 맞추려면 어떻게 써야 하는가?

첫 번째 질문에 대한 제 답은 간단합니다. '써야 한다'는 것입니다. 2022학년도(2021년 현 고3) 수험생부터는 자기소개서를 제출할 수 있는 대학이 많이 줄었습니다. 그럼에도 내가 지원할 6개의 대학이 모두 자기소개서를 폐지하지 않았다면 결국 한 번은 작성해야 합니다. 따라서 반영하는 대학이 많이 줄었다는 양적인 데이터에 귀 기울이다가 수시 모집 시기에 급하게 자소서를 작성하려고 허둥지둥하기보다 내가 지원할 대학 군(group)을 미리 6월 평가원 모의평가 즈음에 설정하고 그중에 한 대학이라도 자기소개서를 반영한다면 여름이 되기 전에 어떻게 자기소개서를 쓸지와 혹시 보충해야 할 활동은 없는지를 저자와 같은 전문가와 상담하는 것이 맞습니다. 자세한 내용은 파트1에서 어느 대학이 자기소개서를 반영하는지, 반영하는 대학에서 자기소개서가 어떤 의미인지 알 수 있도록 했습니다.

두 번째 질문은 상당히 복잡합니다. 2022학년도 입시를 치르는 학생들의 당황한 모습이 눈에 선합니다. 선배들의 자기소개서 샘플을 보면서 자기소개서 작성의 감을 잡았는데, 갑자기 양식이 바뀌었으니 선배들의 자기소개서 샘플이 의미를 잃어버렸습니다. 그래서 이 책에서는 각 파트에서 이 문제를 해결하고자 노력했습니다.

파트2는 기존 책에서도 많은 호응을 받았던 파트로 자기소개서를 쓰는 기본적 원리를 소개합니다. 특히 챕터3에서는 '스펙을 잠재력을 보여주는 도구로 활용'하자고 제안했는데 저자가 강연과 개인지도를 하면서도 매우 강조하는 부분입니다. 자기소개서가 활동 소개서가 되지 않도록 하는 중요한 원리를 담고 있으니 꼭 읽어 보라고 추천합니다.

파트3의 공통 문항 분석은 이번 책에서 가장 심혈을 기울인 부분입니다. 변화된 공통 문항은 어떤 부분이 더 중요해졌는지 그리고 무엇보다 '짧아진 자기소개서에서 어떤 모습을 부각해야 효율적으로 좋은 점수를 받을 것인가?'하는 고민을 담았습니다. 특히 신유형 2번 문항(구 3번 문항)은 가장 중요한 변화를 겪은 만큼 어떤 것이 중요해졌는지 챕터2를 반드시 읽어봐야 합니다.

파트4는 자기소개서를 좀 더 돋보이게 할 수 있는 방법을 서술한 파트입니다. 특히 자기소개서에서 서술할 수 있는 분량이 줄어든 만큼 활동들을 연결해서 짧은 자기소개서 속에서 여러 활동을 임팩트 있게 보여주는 챕터4의 방법이 더 중요해졌습니다. 또 챕터1에서 '자기소개서는 광고문'이라는 내용으로 짧아진 자기소개서라도 자신의 잠재력을 짧고 강하게 보여줄 수 있는 방법론을 제공하고 있습니다.

파트5는 주요 대학별 전형 분석입니다. 전형 분석과 정보 제공이 목적이기도 하지만 저자들이 이제껏 여러 대학의 입시를 경험하면서 알게 된 대학별로 선호하는 학생부나 자기소개서 유형 그리고 특징을 간략하게 전달하고자 노력했습니다. 노련한 입시 컨설턴트는 학생의 성적뿐 아니라 활동 성향과 잘하는 과목, 못하는 과목 등을 종합적으로 고려하는 감(感)을 갖고 있습니다. 완벽하진 않겠지만 그런 감을 지면을 통해 전달하고자 노력했습니다.

파트6을 쓰면서는 신경을 많이 썼습니다. 신경을 많이 쓴 이유는 기존 선배들의 사례가 구 유형에 맞춰져 있어 학생들의 입장에서는 적용하기가 어려웠기 때문입니다. 그래서 '국내 최초'로 구 유형의 사례를 제가 신 유형의 사례에 맞게 직접 적용했습니다. 따라서 이 책을 읽는다면, 남들은 신 유형 자소서 사례가 하나도 없지만, 나는 신 유형의 사례를 가지고 있는 장점을 획득하는 것입니다. 또한 뒤에 나오는 예전 사례는 모두 '국내에서 유일하게' 학생들의 학생부 사례와 자기소개서 사례를 함께 볼 수 있도록 작성함으로써 학생부 속 활동이 어떻게 자기소개서로 이어질 수 있는지 알기 쉽도록 했습니다. 단순히 사례만 보는 것이 아니라 자신의 자기소개서에 어떻게 이 사례들을 적용할 수 있는지 상세히 서술한 만큼 그 어떤 책보다 효과가 크리라 자신합니다.

요즘같이 미디어가 발달한 시대에 책으로 정보를 전달하는 것은 참 어렵습니다. 하지만 그럼에도 저자들의 책이 꾸준히 베스트셀러 목록에 오르는 이유는 다른 책들이 그저 정보를 나열하고만 있을 때, 정보를 가공해 읽는 사람에게 필요한 형태로 제공해 주고자 했던 저자들의 노력이 있었기 때문이라고 생각합니다.

마지막으로 책을 내기까지 수많은 도움을 주신 저자들의 모교 은사님들, 출판사 분들에게 감사를 전합니다.

대치동 연구실에서
저자 어준규, 이수민 드림

Contents
• • •

2021년 현 고3, 고2에게 적용되는
대입자기소개서 양식에 맞추었다!

PART 1

학생부종합전형의
핵심 자기소개서

자기소개서는 학생부종합전형의 핵심 문서다. 따라서 자기소개서를 어떻게 쓸지 고민하기 이전에 우리는 학생부종합전형이 무엇인지 알아야 할 필요가 있다. 이번 파트에서는 학생부종합전형이 어떤 방식으로 학생을 평가하는지, 그 평가 방식을 정확히 이해하도록 할 것이다. 또 그에 따라서 왜 자기소개서가 중요하고 그 평가 과정에서 어떤 역할을 담당하는지를 명확히 할 것이다. 추가로 최근 학생부종합전형의 트렌드와 인재상도 좀 더 알아보고자 한다.

01

학생부종합전형, 여전히 현역에겐 필수

2022학년도 서울 주요대학 입시 모집 현황

대학명	모집인원(명)	수시모집 인원(명)	정시모집 인원(명)	정시비율(%)
경희대	5,323	3,120	2,203	41.39
고려대	4,193	2,511	1,682	40.11
서강대	1,715	1,019	696	10.58
서울대	3,423	2,376	1,047	30.59
성균관대	3,676	2,228	1,448	39.39
세종대	2,688	1,675	1,013	37.69
연세대	3,775	2,140	1,635	43.31
이화여대	3,338	2,141	1,197	35.86
중앙대	4,999	3,267	1,732	34.65
한국외대	3,629	2,090	1,539	42.41
한양대	3,192	1,817	1,375	43.08

※ 자료: 한국대학교육협의회 대학입학전형위원회

"학생부종합전형 쓸까 말까 고민돼요."

2018년 대입 전형 개편 발표가 난 이후 정시에 대한 관심이 뜨겁다. 하지만 위의 표를 보면 알 수 있지만 결국 여전히 정시 비율은 많아야 40퍼센트다. 반대로 본다면 수시 비율은 60퍼센트 내외다. 상위 대학은 여전히 수시에서 많은 학생들을 선발하고 있다. 이는 중위권 대학으로 갈수록 더 심해진다. 따라서 현역 학생이 수시를 쓸 것인가 말 것인가 고민하는 것은 의미가 없다. 수시에서 한 번 기회를 잡고, 이 기회를 잡지 못했다면 정시에서 마지막 기회를 잡는 것이 입시의 정답이라고 할 수 있다. 가끔 학원에서 정시 비율이 늘어났으니 내신보다 정시에 힘쓰자는 식의 이야기를 많이 하는데, 이 이야기는 학원의 입장을 대변할 뿐 올바른 전략이라고 보긴 어렵다. 재수생이라면 정시 비율이 상승했으므로 많은 기회가 생겼다고 볼 수 있지만 현역 학생에게 유리한 수시 비율이 60퍼센트가 넘는 것을 보면 여전히 '수시 필수 지원'이라는 전략은 유효하다.

학생부의 축소와 자소서의 중요성

"자소서 이제 폐지되나요?"

2018년에 대입 전형이 개편돼 학생부에 기재할 수 있는 사항이 매우 축소됐다. 다음의 표를 참고하면 된다.

서울 주요 대학 중 자기소개서 폐지한 대학교

대학	2022학년도			2021학년도		
	있음	없음		있음	없음	
고려대		2,327	100.0%	2,982		0.0%
서강대		988	100.0%	875	235	21.2%
한양대(서울)		1,489	100.0%		1,879	100.0%
연세대	1,042	869	45.5%	1,789	384	17.7%
성균관대	1,127	718	38.9%	1,610	532	24.8%
서울대	2,256		0.0%	2,447		0.0%
한국외대(서울)		1,012	100.0%	563	544	49.1%
숙명여대	281	814	74.3%	316	967	75.4%
홍익대(서울)	553	616	52.7%	407	766	65.3%
동국대(서울)	753	738	49.5%	911	842	48.0%
건국대	829	775	48.3%	1,358	445	24.7%
중앙대	1,375	1,187	46.3%	1,513	1,193	44.1%
이화여대	1,044	884	45.9%	914	1,014	52.6%
경희대	1,420	1,037	42.2%	2,170	684	24.0%
인하대	1,268	894	41.4%	1,427	1,152	44.7%
아주대	874	422	32.6%	934	462	33.1%
서울시립대	612	269	30.5%	737	294	28.5%

서울 주요 대학교 중에 자기소개서를 폐지한 대학이 많다. 더불어 자기소개서는 2024학년도 즉, 현 고1 입시를 기점으로 전면 폐지될 계획이다.

2022학년도 기준으로는 고려대, 서강대, 외국어대가 자소서를 폐지했다. 그러나 이를 가지고 자소서가 이제 중요치 않다고 말하기는 아직 어려운 부분이 있다. 왜냐하면 학생들이 연세대, 중앙대, 경희대 등 아직 자소서를 적용하는 대학에 지원하면서 고려대, 외국어대, 서강대 등 자소서가 폐지된 대학도 함께 지원하는 경우가 많기 때문이다. 어차피 지원서를 여섯 장 쓴다면 자소서를 작성해야 한다. 자소서가 2015 개정 교육 과정이 적용된 이후에 공통 양식이 생기면서 한 대학에 지원하려고 쓰나 서너 대학에 지원하려고 쓰나 작성하는 사람 입장에서 보면 부담은 비슷하다. 따라서 자소서가 완전 폐지될 2024학년도(2021년 현 고1) 입시 전까지는 여전히 중상위권 학생들은 자소서를 중요하게 생각해야 한다.

"폐지된다는데 그럼 평가에 적게 영향을 주는 것 아닌가요?"

만약에 입시 요소에 다른 변화가 없이 자소서만 폐지되는 추세로 간다면, 자소서가 큰 영향을 주지 않을 수도 있다. 하지만 2018년도 대입 전형이 개편되면서 학생부에 기재할 수 있는 요소가 대학 입학처에서도 반발할 만큼 축소됐기 때문에 자소서를 계속 전형 요소로 둔 대학에서는 자소서의 중요도가 오히려 높아진다고 보는 쪽이 합당하다. 자소서를 계속 유지하고 있는 대학의 면면을 보면 입학사정관제 때부터 학생부 전형의 기준이 되어 온 서울대, 경희대와 같이 학생부 평가를 잘한다고 평가되어 온 대학들이다. 그만큼 자소서를 반영하는 대학에서는 자소서를 축소된 학생부 기재 사항을 보완할 수 있는 매우 중요한 요소로 삼을 것이다.

"지금까지 특별하게 해온 게 없는데,
나를 어떻게 매력적으로 담아낼 것인가?"

02

평가방법에서 자소서가 보인다

학생부종합전형. 이름은 거창하지만, 우리는 두 가지만 기억하면 된다. 학생부종합전형은 '학생부를 종합적으로 평가하는 전형'이다. 문장은 쉽지만 잘 이해가 안 될 수 있는데, 그 이유는 우리가 학생부, 평가, 전형이라는 말은 알지만 '종합적'이라는 말을 잘 모르기 때문이다.

종합적이라는 것은 쉽게 말해 '숫자 이외의 것도 평가한다'는 뜻이다. 예전에 모대학교에서 있었던 일을 하나 소개하면 이해가 쉬울 것 같다. 학생부를 보면 가장 첫 번째 페이지에 출결사항이 보인다. 기본적이지만, 중요한 내용이다. 출결사항은 결석, 지각, 결과로 나뉘고, 그 사유는 무단, 질병, 기타로 나뉜다. 여기서 가장 안 좋은 사유는 '무단'이다. 만약 어떤 학생이 8일간 무단결석을 기록했다고 가정해보자. 정시나 교과라면 100점을 만점으로, 무단결석당 몇 점씩 차감하는 식으로 출결점수를 반영한다. 무단결석이 정말로 8일이나 있다면, 소수점 몇 점으로도 합불이 갈리는 입시에서 거의 승산이 없다. 이렇게 숫자적 지표를 바탕으로 점수를 엄격히 계산해 평가하는 것을 '정량' 평가라고 부른다. 종합 평가는 바로 이런 정량 평가에 대비되는 개념이다. 무단결석이 8일인 학생이 있다면 정량 평가에서는 이 학생의 점수를 8일치만큼 차감하겠지만, 종합 평가에서는 다르다. 종합 평가라면 이 학생이 왜 8일이나 결석했는지 그 이유를 살펴본다. 살펴보니 학생의 행동특성 및 종합의견(학생부)에 "학생의 부모님이 이혼하시는 과정에서 가정에 불화가 생겨 아이가 방황했지만, 이내 마음을 잡고 다시 성적을 올릴 만큼 의지가 강하고, 인성이 바른 학생"이라는 평이 적혀 있다면? 가정불화가 있음에도 불구하고 8일만 방황하고 나서 다시 성적을 올리려고 열심히 살아온 이 학생의 점수를 우리가 깎는 것이 바람직한 일일까? 비록 학생이 8일간 결석했지만 다른 학생처럼 평범하게 살았다면, 혹은 화목한 가정에서 생활했다면 결석도 하지 않고 더 좋은 성과를 내지 않았을까? 하는 고민이 들 것이다. 종합 평가에서는 이러한 고민을 하고, 이 고민을 바탕으로 이 학생이 결석했더라도 성실하지 않다고 평가하지는 않는다. 이것이 바로 종합적인 평가이고, 정량 평가와 대비된다고 해서 '정성' 평가라고도 부른다.

제대로 이해했다면, 이 질문에 답해보자.

> "내신 1.0 등급인 학생과 1.5 등급인 학생이 있다면,
> 누가 대입에 더 유리할까?"

만약 1.0 등급이라고 대답했다면, 앞의 문단을 다시 읽고 오길 추천한다.

정답은 '모른다'이다. 누구를 선발할지 우리는 알 길이 없다. 왜냐하면, 내신 1.0 등급인 학생과 내신 1.5 등급인 학생 중 누가 더 좋은 인재인지 숫자만 가지고는 평가하지 않기 때문이다. 내신 1.0 등급인 학생이 물론 공부는 조금 더 잘할 수 있다. 이해력이 조금 더 좋을 수도 있다. 하지만, 1.0 등급인 학생은 남을 전혀 도울 줄 모르는 학생이고, 1.5 등급인 학생이 남을 도와가며 함께 공부할 줄 아는 학생이라면, 누가 더 발전가능성이 있고, 누가 더 우리 사회가 필요로 하는 협력이나 창의성을 갖춘 학생이 될 것인가? 당연히 이 경우에는 1.5 등급인 학생이다. 내신이든 출결사항이든 '숫자' 말고 그 너머에 어떤 것이 있는지를 봐주는 것, 그것이 바로 학생부를 '종합'적으로 평가한다는 말의 의미다.

1. 학생부종합전형에서는 학생부에서 드러나는 활동과 내용을 평가한다.
2. 하지만 단순히 내신이나 출결 같은 숫자가 아니라, 그 안에 들어 있는 내용을 종합적으로 평가한다.

03

자기소개서는 평가자를 설득하는 열쇠다

소개팅을 나간다고 생각해보자. 소개팅에 쌩얼로 나가는 사람이 있을까? 아마도 없을 것이다. 상대방에게 자신의 이목구비가 흐리멍덩하게 보이고 싶은 사람은 없다. 그래서 사람들은 화장을 한다. 그래야 보다 더 강한 인상을 남기고, 예쁘고 잘생겼음을 남들에게 보여줄 수 있을 테니 말이다. 학생부종합전형에서도 마찬가지 현상이 발생한다. 기본적으로 내 모습을 입학사정관이 보고 평가하는 전형이기 때문에, 나의 모습을 인상 깊게 평가자에게 남길수록 유리할 수밖에 없다.

하지만 입학사정관제에서 학생부종합전형으로 넘어오면서 문제가 생겼다. 외부에서 한 활동을 반영하기 매우 어려운 구조가 돼버린 것이다. 외부 활동을 보여줄 수 있던 입학사정관전형 시절에는 활동할 수 있는 폭도 넓었고, 다양한 자격증이나, 대회 수상 기록을 보여줄 수 있었다. 하지만 학생부종합전형에서는 학생부만 가지고 승부에 임해야 한다. 학교 교육과정 내에서 한 활동만 학생부에 반영될 수 있다. 더 큰 문제는 학교 교육과정으로 진행한 활동이라 하더라도, 선생님이 개개 학생의 모든 것을 알고 평가해주기 매우 어렵다. 또한, 대다수 학교가 교육 과정이 비슷하고, 더욱이 같은 학교 학생이라면 더 유사할 수밖에 없기 때문에, 내 모습을 뚜렷하게 평가자에게 보여주기란 매우 힘들다.

마치 소개팅에 나가기 하루 전인데, 아껴둔 색조 화장품 세트가 모두 사라져버린 것과 마찬가지 상황이다. 눈도, 코도, 턱도 날렵하게 표현해야 하는데 그럴 도구가 사라졌다. 당연히 이 상태로 소개팅에 나갈 것이 아니라, 우리는 조금이나마 얼굴을 또렷하게 만들기 위해, 남아 있는 화장품을 가지고 내 스타일대로 아이라인도 그리고, 입술도 칠하며, '화장'해야 한다.

유사한 교육과정 속에서, 그리고 유사한 환경 속에서, 많은 고등학생들이 함께 경쟁한다. 이러한 과정 속에서 '나'라는 사람의 고유한 특성을 더 짙게 알려주려면 '나'만의 이야기를 담을 창구가 필요하다.

한편, 입학사정관, 즉 평가자의 입장도 마찬가지다. 지원자가 자신의 캐릭터를 보여주기 힘들어진 것처럼, 평가자도 비슷한 수상 경력을 가지고 있고, 유사한 동아리 활동과 진로 활동을 한 지원자 중에서 합격자를 가려내야 하는 어려움이 생겼다. 그러므로 개별 지원자의 특성을 더 자세히 파악할 수 있는 통로가 필요해졌다.

이런 평가자와 지원자의 요구를 동시에 만족시켜줄 수 있는 문서가 바로 '자기소개서'다. 그렇다면 비슷한 활동, 비슷한 수상, 비슷한 경험(자신은 독특하다고 생각하겠지만, 실제로 평가하는 입장에서는 늘 똑같은 스토리일 뿐이다)에서 어떻게 새로운 내용을 뽑아낼 수 있을까?

그 비결이 바로 이 책에서 앞으로 다루고자 하는 내용이다. 평가요소의 제한 때문에 흐리멍덩해진 내 이목구비를 어떻게 뚜렷하게 만들 것인가, 어떻게 화장해서 나를 조금 더 돋보이게 만들고, 진짜 내 모습을 평가자에게 전달할 수 있을지가 앞으로, 계속 이 책에서 고민할 내용이다.

즉, 자기소개서는 제한적인 것만 보여줄 수 있는 환경과 비슷한 경험을 한 경쟁자 사이에서 나만의 여러 가지 특징, 즉 나 자신을 조금 더 또렷하게 전달할 수 있는 유일한 수단이면서 직접 평가자와 소통할 수 있는 수단이다. 그래서 우리는 어떻게 효율적으로, 그리고 뚜렷하게 이것들을 전달할 수 있을지, 앞으로 이 책을 통해 쉽고 명확하게 알아볼 것이다.

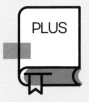

입학사정관이 좋아하는
학생부 만드는 비법 6가지

—

학생부종합전형에서 가장 기본이 되는 평가 문서는 당연히 학생부다. 기본적으로 학생부에 좋은 내용이 기재돼야 좋은 대학에 갈 수 있다. 그러므로 우선 '좋은 학생부'를 만드는 비법을 알아보자. 아직 학생부가 기록되지 않은 학생이라면 반드시 참고해야 한다. 학생부는 학교에서 기록하는 문서이므로, 머릿글자를 따서 학교를 뜻하는 'SCHOOL'이라고 기억해보자!

1. Super or Special _ 내신, 특징 있게 만들어라

어느 대학이나 '공부 잘하는 학생'을 뽑고 싶어 한다. 그러니 학생부를 펴고 가장 먼저 확인하는 것은 여러분의 내신 등급일 것이다. 기본적으로 내신의 평균 등급을 가지고 가장 먼저 지원자를 평가하고 그 후에 각 과목별 내신과 주요 내용을 살펴볼 것이다. 그러니 당연한 이야기지만 내신은 무조건 좋을수록 좋다. 내신 등급이 뛰어나다면(super), 평가자들은 당연히 그런 지원자에게 집중할 것이고, 더 많은 시간을 할애할 가능성이 높다. 그렇다면 내신 등급이 굉장히 평범한 학생은 어떻게 해야 할까?

내신 성적이 특출하지 않다면 되도록 내신 성적을 올리려고 노력하면서, 내신 성적을 특화하는(special) 전략이 가장 중요하다. 흔히들 내신은 스펙이 될 수 없다고 생각하는데, 특별한 변별점이 있는 내신이라면, 꼭 내신 점수가 좋지 않더라도 얼마든지 평가자의 이목을 끌고 좋은 평가를 받을 수 있다. 예컨대 1학년에서 3학년으로 올라가면서 내신 성적이 전반적으로 상승한다든지, 혹은 특정 과목의 내신이 눈에 띄게 오른다든지, 지원하고자 하는 학과와 관련 있는 교과의 내신이 다른 교과와 견주어 유달리 좋다면 상대적으로 좋은 평가를 받을 수 있다.

내신은 모든 학생이 좋을 수 없다. 기본적으로 상대 평가이기 때문에 그렇다. 또 같은 대학에 지원하는 경쟁자들은 대부분 내신 등급이 비슷하므로 내신을 특징 있게 만들어가는 것도 좋은 전략이다.

2. Character _ 세부능력 및 특기사항에 본인의 개성이 드러나도록

'내신 1.5등급이 유리할까, 내신 2등급이 유리할까?'라고 묻는다면, 대부분 사람들은 당연히 전자라고 이야기할 것이다. 하지만 실제로는 그렇지 않다. 필자가 늘 강조하는 이야기지만, 학생부종합전형은 말 그대로 '종합' 전형이다. 단순히 성적이 좋다고 좋은 점수를 주지는 않는다. '본인 할 것만 챙기고 받은 1.5등급'과 '남들을 열심히 도와주고 받은 2등급'이라고 바꾸어서 생각을 해보면, 쉽게 이해가 된다.

세부능력 및 특기사항은 말하자면, '내신의 설명서'다. 어떻게 해서 이런 등급을 맞게 됐는지 설명한다. 이 기록은 내신 등급과 맞물려서, 평가자들이 가장 중점적으로 보는 부분 중 하나다. 그러므로 세부능력 및 특기사항에 본인의 개성(Character)이 드러나도록 해야 한다.

많은 학생들이 세부능력 및 특기사항 칸에 개성을 드러내지 못한다. "창의력이 있다"든지, "문제해결 능력이 있다"든지, "학업에 대한 성취 욕구가 높다"와 같이 쓰여 있다면, 표현 자체가 워낙 두루뭉술한 탓에 지원자가 어떤 사람인지, 어떤 노력을 통해서 이런 내신을 받았는지 입학사정관이 파악하기란 쉽지 않다.

그래서 이런 표현들을 개성 있게 바꾸어주는 작업이 필요하다. 가장 쉬운 방법은 기존의 '~하다' 같은 평가를 바꾸어서 '~한 점을 보니/~한 것을 보니, ~하다'와 같은 표현으로 바꾸는 것이다. 즉 평가적 언어 중심에서 경험적 언어 중심으로 서술을 바꾸는 것이다. 막연히 창의적이라고 쓰는 것이 아니라, "수업시간에 수요와 공급 개념을 독특하게 비유해 친구들에게 알려주는 창의적인 학생이다"와 같이 서술된다면, 훨씬 지원자의 모습이 잘 보이는 세부능력 및 특기사항이 된다.

3. Happening _ 동아리 활동은 구체적으로 드러나도록

동아리 활동 내용에 활동 자체만 서술돼 있는 경우가 많다. 학생에 대해 기록하는 문서가 학생부인데, 대다수 학생들의 동아리 활동 내용이 동아리 소개서처럼 작성돼 있다. 이럴 땐, 'Happening'을 기억하자!

"A 활동, B 활동, C 활동을 통해 리더십과 창의성을 보여줌"이라는 서술에서는 동아리가 A, B, C를 했다는 메시지만 강력하게 다가오지, 실제로 동아리에서 학생이 어떤 일을 했는지, 어떤 특성을 가진 사람인지 알 수 없다. 이런 단순한 활동 나열보다는 "A 활동에서 발생한 갈등을 중간에서 잘 조정해 잘 끝마칠 수 있도록 노력함. B 활동에서 실질적인 리더를 맡아 다른 선생님들께도 결과에 대한 칭찬을 받아냄"과 같이 활동 속에서 본인은 어떤 역할을 담당했고, 어떤 일이 있었는지 등을 상세하게 기술해서 입학사정관이 지원자의 모습을 직접 그려볼 수 있도록 노력해야 한다.

4. Option _ 봉사 활동은 선택적으로 기재되도록

학생부에서 봉사 활동 항목 자체가 아예 빈칸인 학생들이 생각 외로 많다. 학생부에서 봉사 활동을 기록하는 곳은 크게 두 군데다. 첫째는 우리가 흔히 알고 있는 '봉사 활동 시간 및 내용' 부분이고, 둘째는 진로 활동, 자율 활동, 동아리 활동을 함께 기록하는 창의적 체험 활동 부분이다. 그런데 학생이 봉사 활동을 실제로 했는데도 창의적 체험 활동 칸에 봉사 활동이 기재돼 있지 않은 경우가 많다. 사적으로 봉사 활동을 하면, 학교에서는 본인이 어떤 봉사 활동을 했는지 정확히 알 수 없는 경우도 있고, 봉사 활동 내용을 입력하기 귀찮아서 입력하지 않는 선생님도 있기 때문에, 반드시 본인이 챙겨서 알찬 학생부를 만들어야 한다.

하지만 봉사 활동이 'Option'인 이유는 다른 부분과 견주어 보면 상대적으로 선택적이기 때문이다. 실제로 제대로 된 봉사를 하지 않은 학생도 무척이나 많고, 특별한 봉사 활동 내역이 없어도 붙는 경우도 많다.

결국 우리가 봉사를 통해 보여줄 수 있는 것이 나눔이나 배려 같은 가치라고 한다면, 이런 것은 특별한 봉사 활동을 통해 보여주지 않더라도 동아리에서 소외된 친구를 배려해준다든지, 공부 못하는 친구를 도와 성적을 올려준다든지 하는 활동으로도 드러낼 수 있기 때문이다. 즉 다른 부분에서 학생의 가치와 봉사정신을 나타낼 수 있다면, 봉사 활동을 억지로 끼워 맞추면서까지 할 필요는 없다는 뜻이다.

물론 지원하고자 하는 학과와 전형에 따라 각자의 사정에 맞게 고려해야 한다. 예컨대 가톨릭지도자추천전형이나 사회복지학과와 같이 전형이나 지원하는 학과 자체가 봉사나 나눔과 밀접한 관련이 있는데도 봉사 활동 내역이 없다면 불합격할 확률이 높을 수밖에 없다.

5. OK _ 수상 실적

수상 실적이 많은 사람은 내용이 많을 것이고, 그렇지 않은 사람은 내용이 적을 수밖에 없다. 하지만 수상 실적이 없다고 너무 걱정하지는 말자.

어떤 대회든 'OK'라는 태도로 다양한 대회에 도전해보자. 기본적으로 수상 실적이 많으려면 대회에 많이 나가야 한다. 일부 상위권 학생을 제외하고는 학교에서 열리는 여러 대회에 많이 나가지 않는다. 하지만 상위권 학생이라고 해서 이런 대회들을 일일이 준비해서 나가지는 않고, 그러는 것도 거의 불가능하다. 그러니까 꼭 상위권 학생만 수상하는 것은 아니다.

그러므로 어떤 대회든, 자신의 성적과 상관없이 무조건 '도전'해보자. 경시 대회도 좋고, 독후감 대회도 좋다. 많이 나가야 뭐라도 탈 수 있다. 상을 타지 못하더라도 관련해서 자기소개서에 "독후감 대회에도 나가 독특한 견해를 제시함" 등과 같이 서술할 사항을 하나라도 더 만들 수 있으니 무조건 나가는 게 좋다.

6. Love _ 마지막 한마디!

마지막 한마디는 이 책을 본격적으로 시작하기에 앞서 여러분에게 하고 싶은 말이다. 필자는 고등학교 3년을 거의 회사 다니는 기분으로 다녔다. 필자에게 3년간 학교는 공부하는 곳 이상의 의미였고, 많은 변화를 가능케 해주고 많은 경험을 할 수 있도록 해준 작은 사회였다.

원하는 대학에 합격하는 사람들의 공통점이 무엇이냐고 묻는다면, '3년간 자신이 변화하고 경험을 쌓는 과정 자체를 즐긴 학생들'이라고 필자는 답할 것이다. 적어도 필자가 합격시킨 학생들은 그런 학생들이었다. 그리고 고려대 OKU미래인재전형으로 전국에서 뽑힌 단 한 명의 학생이었던 필자도 그런 학생 중 하나였다.

학생부 각 부분을 어떻게 채워나가라는 폭력적인 말들로 도리어 학생들을 불행하게 만들어서는 안 된다. 그건 학생부종합전형의 취지에도 어긋나는 일이고, 실제로 그런 활동으로는 학생을 긍정적으로 변화시킬 수 없다. 그런 모습은 학생부 기록에 고스란히 나타난다.

그래서 학생부는 사랑으로 가득 차 있어야 한다. 학생을 뿌듯하게 바라보고 평가하는 교사의 사랑과, 과정을 즐기고 그 안에서 자신의 활동을 사랑하는 학생의 사랑. 이런 사랑이 묻어나는 학생부야말로 '정성 평가적인 면'에서 진짜 훌륭한 학생부다.

2021년 현 고3, 고2에게 적용되는
대입자기소개서 양식에 맞추었다!

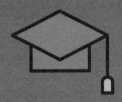

PART 2

합격하는
자기소개서의 개요 짜기

튼튼한 건물을 지으려면 탄탄하고 정밀한 설계도를 작성해야 한다. 자기소개서도 마찬가지다. 입학사정관을 납득시킬 만한 자기소개서를 작성하려면 먼저 탄탄하고 정밀한 틀을 만들어야 한다. 또 입학사정관 입장에서 매력인 활동과 그렇지 않을 활동을 구분할 줄 알아야 한다. 〈파트 2〉에서는 제대로 된 자기소개서 틀을 만드는 작업 과정을 살펴볼 것이다.

01

나만의 활동 목록표를 만들어라

"전 해놓은 게 너무 없어요."

학생들이 상담하러 와서 가장 많이 하는 말이다. 이미 학생부종합전형에 맞춰 어느 정도 활동을 해놓고, 자소서를 잘 쓰겠다고 상담까지 받으러 와서 이런 막연한 이야기를 하는 이유는 무엇일까?

답은 아주 간단하다. '무엇인가 하긴 했었다'라는 막연한 느낌만 있고, 정확히 무엇을 했는지 모르기 때문이다. 이런 학생에게 가장 필요한 건, 자신이 무엇을 했는지 명확히 인식하는 과정이다. 자신이 무엇을 했는지 정확히 모른다면, 절대로 제대로 된 자기소개서를 쓸 수 없다. 그래서 자기소개서를 쓰고 싶다면 가장 먼저 해야 하는 일은 활동목록표 만들기다. 저자 역시 대치동에서 학생들을 컨설팅하며, [활동목록표 양식]을 활용해 활동을 정리해 보라고 시킨다.(양식은 뒤에 후첨) 사례를 통해 어떻게 양식을 채우는 것이 좋은지 알아보자.

 진로희망사항

학년	진로 희망 + 내용	이유
1, 2	검사	배운 지식을 이용해서 더 나은 사회를 만들고, 그래서 모든 사람이 행복하게 사는 나라를 만들고 싶었다. 그 목적에 가장 부합하는 검사가 돼서 정경유착, 종교단체 등의 문제를 해결하고 싶다.
3	대학 교수	사회의 일탈자들을 바른 길로 인도하는 것도 중요하지만 먼저 그들이 일탈하지 않도록 이끄는 사람들이 지식인이라는 생각이 들었다. 지식인의 역할을 고민해보다가 특정 분야의 지식인을 양성하는 책임을 가지고 있는 교수를 희망하게 되었다.

먼저 진로희망사항이다. 학생부에 진로희망사항이 잘 기록돼 있다면 그대로 가져다 정리해도 좋겠지만, 그렇지 않다면 학생부와 무관하게 작성한 양식을 보며 다시 정리해보길 추천한다. 진로희망을 잘 정리해두었다면 나중에 자기소개서 3번 문항에 수월하게 답할 수 있다. 진로희망 작성에 제일 중요한 부분은 두 가지다.

1. 진로를 희망하는 이유를 '정경유착 문제를 해결하기 위해서', '일탈자 구제를 위해서', '병으로 고통받는 사람을 구하는 약을 만들기 위해서' 등처럼 구체적으로 그 직업의 역할과 연관지어 정리하자.

2. 진로희망이 바뀌는 경우(구체화되는 경우도 포함)가 상당히 많은데, 그렇다면 앞의 두 사례에서 보듯이 그 이유를 명확히 정리해 놓는 작업이 중요하다. 바뀐 계기를 제공한 사건, 책 등을 기록해 두면 더 좋다.

사례 2

활동 종류	활동명	내용 설명 (보여줄 수 있는 나의 능력)
수상 및 교내대회	청소년 쿱보드 협동조합 창업 아이디어 대회	이 대회는 수상을 하지 못한 외부 대회입니다. 하지만 봉사 활동으로 언급했습니다. 이 창업 아이디어 대회는 팀을 꾸려 아이디어를 내고 제품을 만드는 대회입니다. 저희 팀은 평소 여성 위생품인 생리대가 불편했던 점을 역으로 떠올리며 개선된 새로운 생리대를 제안했고 디자인도 모두 고안했습니다. 직접 제품을 만든다고 생각하니 진지하고 흥미롭게 대회를 준비할 수 있었습니다. (창의성, 협동심, 적극성)

동아리 (영어 → 과학) (변경됨)	○○스트리 – 교내 유일 과학 동아리(2~3학년)	○○스트리 동아리는 교내의 유일한 과학 동아리입니다. 인원이 정해져 있어 2학년 때부터 활동이 가능합니다. ○○스트리에서 여러 과학 실험을 진행했습니다. 가끔 모둠별로 실험주제를 정해 돌아가며 동아리 활동 시간에 수업을 진행했습니다. 스스로 정리하는 것을 좋아해 실험이 끝나면 항상 실험 보고서를 작성해 이론을 정리했습니다. 또 축제 부스에서 가장 방문객이 많은 인기 있는 동아리가 되었는데 프로그램을 세 가지나 준비한 덕분에 가능했다고 생각합니다. 방문객이 주제가 전혀 다른 세 가지 실험을 직접 해볼 수 있게끔 코스 형식으로 부스를 준비했습니다. 저는 그중에서 드라이아이스로 비눗방울의 크기가 커지는 실험을 담당해 상품을 걸고 게임도 진행했습니다.(협동심, 과학 관련 수학 능력, 지적 호기심)
	○○인사이드 – 영어 방송 동아리 (1학년)	1학년 때 이 동아리 활동을 했습니다. 이 동아리는 학교의 얼굴이라고 할 수 있습니다. 저희 학교는 정규 방송반보다 영어로 학교를 알리는 ○○인사이드 동아리 활동을 부각시킵니다. 저는 직접 대본을 쓰고 앵커나 리포터 역할을 맡아 방송에 출연한 적이 있었고 진로나 관심 분야에 대한 기사를 작성해 교내 영자신문에 실린 적도 있었습니다. 축제 부스 운영 당시 제가 낸 아이디어가 적극 반영돼 제일 기억에 남는 축제 부스로 뽑혔습니다. 여기에서 영어 퀴즈 클럽의 디제이 역할을 맡아 친구들의 호응을 이끌어냈습니다.(영어 능력, 발표/표현 능력)

봉사	다일작은천국 3년 내내	다일작은천국은 집이 없거나 몸이 불편한 노인들이 계신 병원입니다. 1학년 때 이 병원이 있는 것을 알고 봉사 활동을 하다 보니 어느덧 지금까지 오랫동안 봉사를 하고 있습니다. 그곳에서 안 해본 일이 없는 것 같습니다. 메르스가 유행이었을 때 그곳에 계신 모든 환자분의 체온을 잰 적도 있었고, 화장실, 창문, 책상 등을 청소했으며 주방에서 요리하기, 문서 정리하기(컴퓨터로 문서 정리하기를 좋아해서), 짐 나르기, 예배 준비 도와드리기 등 정말 많이 했습니다. 3년 동안 봉사하다 보니 환자분 대부분을 알고 있습니다. 안타까운 것은 그 3년 안에도 돌아가신 분이 계시다는 것입니다. 또, 근처 공원으로 산책 나가시는 것을 도와드릴 때 가끔씩 자리에 주저앉으시는 돌발 상황도 있었습니다. 그럴 때마다 병원으로 달려가 휠체어를 끌고 와 태워드리는 등 여러 상황을 많이 겪었습니다. 이런 봉사를 하며 진정한 의사는 이럴 때 어떻게 하는 것이 좋을까 하는 고민도 했고, 한편으론 의사만 치료할 수 있을까라는 생각도 했습니다. 봉사를 하며 사람을 도와주는 일에 행복감을 느꼈고 주위 분들께 더 큰 관심을 갖게 되었습니다.
탐구 (R&E 등)	비타민C 함유 비타민제 분석 및 정량을 통한 권장 섭취량 파악	친구와 함께 비타민 음료수 속에 실제 함유된 비타민C의 정량을 분석하는 실험을 진행했습니다. 2학년 화학 교과에서 배운 '몰의 개념'을 이용했습니다. 산화 환원 성질이 있는 비타민C 정량을 직접 구해 표기된 비타민C의 양과 얼마나 차이가 있는지 알아보았습니다. 실험에 필요한 약품들이 있었는데 주문해도 제출일까지 마무리할 수 없는 문제가 있었습니다. 결국 과학실에 있는 모든 화학약품을 찾아보며 필요한 시약을 구했습니다.

		직접 특정 음료수에 함유된 비타민C의 양을 정확히 계산해서 수치를 제시했습니다. 이 실험을 더욱 확장해 비타민C 결핍과 과잉 증상을 막는 비타민 음료수 하루 권장량까지 제안해 선생님과 친구의 흥미를 끌었습니다(누구의 도움 없이 모든 것을 스스로 진행한 탐구 활동이라 시간과 노력이 많이 필요했지만 금상이라는 좋은 결과를 얻을 수 있었습니다). 학술 대회는 논문 대회와는 달리 탐구보고서를 제출하고 질의응답 및 발표도 하는 큰 대회입니다. 저는 팀 대표로 선생님의 질문에 답했습니다. 흥미로운 소재라 관심을 보이는 인문 계열 선생님께는 이해하기 쉽게 설명해드렸고 자연 계열 선생님께는 심화된 질문을 받으며 이 실험의 보안점 등을 피드백 받았습니다.
교과활동 내 특이사항	확률과 통계 심화학습 (기록)	암호의 역사를 주제로 심화학습을 진행해 기본적인 암호화와 복호화 알고리즘을 학습했습니다. 영화 소재로 사용된 암호화 기계 에니그마의 암호화 알고리즘을 배우고 그 경우의 수를 여러 가지 순열을 이용해 계산했습니다. 암호 해독 과정을 친구들과 토론하며 운용하는 사람의 판단과 방심 때문에 치명적인 약점을 노출할 수 있음을 알았습니다. 복잡한 암호를 해독하면서 컴퓨터 개발의 필요성이 대두된 역사적 계기를 직접 체험했습니다.

기타 외부 활동	서울대 위셋 캠프	서울대학교 화학생명공학과 대학원생이 주도하고 전국에서 두 팀만 뽑는 위셋 연구 프로그램에 지원했는데 선정돼 연구에 참여할 수 있었습니다. 직접 서울대학교를 방문해 화학생명공학과 연구원이 사용하는 연구실에서 실험을 진행했습니다. 그곳의 실험기기나 도구를 한 번씩은 작동해보면서 어떤 실험에 사용하는 기구인지 배우고, 그 활용가치를 깨달았습니다. 외부 활동인 까닭에 학생부에 기재되지 못하므로 저희는 이 연구를 바탕으로 교내 논문대회에 출전했습니다. 저희가 작성한 보고서를 바탕으로 논문을 작성했고 연구에서 배운 실험 과정을 3학년 생명과학 II 와 접목한 덕분에 쉽게 이해할 수 있었습니다.

위는 주요 활동에 대한 정리다. 저자와 함께 자기소개서 작성 수업을 한 학생의 사례를 가져온 것인데, 정말 정리를 잘하고 늘 적극적인 학생이어서 기억에 남는다.

첫째, 모든 활동을 다 정리할 필요는 없지만, 적어도 활동을 8개 정도는 정리해야 실질적으로 자기소개서 항목을 채워 넣을 수 있다. 따라서 수상, 동아리, 봉사 등 주요 활동을 8개 정도 꼼꼼히 정리해 놓는 것이 좋다. 둘째로 중요한 것은 단순히 활동 설명에 그치면 안 되고, 반드시 본인이 수행한 역할과 느낀 점이 드러나야 한다는 것이다. 위 학생의 사례는 거의 자기소개서로 봐도 무방할 만큼 잘 정리해둔 것이다. 위에서 R&E 파트를 보면 단순히 '어떤 실험을 했다'가 아니라 화학 교과에서 배운 "몰의 개념을 이용했습니다"같이 구체적인 방법을 적고 있고, '자발적으로 진행했다'거나 '정확히 화학적 개념을 이해했다'는 등 당시에 깨달은 점도 구체적으로 적고 있다. 이렇게 구체적으로 적어야 나중에 자기소개서를 쓸 때, 시간을 절약할 수 있다. 셋째는 가장 중요한 포인트인데, 이 활동으로 자신이 보여줄 수 있는 능력이나 가치를 괄호 안에 서술하고 있다는 점을 주목하자. 과학 동아리 활동 경험으로 자신이 '과학에 대한 수학능력', '협동심' 등을 보여줄 수 있다고 쓰고 있다. 이 가치나 능력을 적는 행동은 앞으로 이 책에 나올 나머지 장의 내용들과 연결되는 가장 핵심적인 부분이다. 정리해보자.

1. 모든 활동을 정리하되 최소 8개 정도의 활동을 자세하고 꼼꼼하게 정리하자.
2. 활동에서 자신의 구체적 역할(혹은 에피소드)을 반드시 적자.
3. 활동으로 보여줄 수 있는 능력이나 가치를 적자.

활동을 정리하는 이유는 크게 두 가지다.

첫 번째 이유는 이 정리가 앞으로 자신의 모습을 잘 비춰줄 훌륭한 자기소개서를 쓰기 위한 틀이라는 것이다. 이 '틀'을 잡는 과정을 〈파트 4〉에서 기술 1~4에 걸쳐 보여줄 것이다. 여기서 틀을 잡고, 이 틀을 이제 재료로 채울 것이다. 그 재료는 바로 여러분들이 열심히 한 '활동', 소위 말하는 스펙이다. 요리사가 요리하기 전에 당연히 레시피를 살피고, 들어가는 재료를 손질하고 확보하듯이, 자소서라는 하나의 요리를 만들어야 하는 여러분도 당연히 자소서에 들어가는 재료를 확보하고 손질해야 한다. 그 과정이 바로 앞으로 볼 '다 털어놓기'다.

두 번째 이유는 기억하기 위함이다. 많은 학생이 생각나는 활동을 쓰면 되지 않느냐고 반문하곤 하는데, 그런 생각은 매우 위험하다. 사람은 자기가 기억하고 싶은 것만 주로 기억한다. 문제는 자기에게 의미가 있는 활동과 평가자가 의미 있게 생각하는 활동이 분명히 다르다는 것이다. 주로 당사자는 얼마나 힘들었나, 얼마나 재미있었나같이 감정적인 기준을 가지고 중요함과 그렇지 않음을 따진다. 반면 평가자들은 인재상, 결과의 우수성, 삶에 미친 영향 등 보다 더 이성적이고, 분명한 평가 기준을 가지고 판단한다. 따라서 기억에 깊게 남았다는 사실을 넘어, 정말로 자신이 무엇을 했는지 잘 알고 싶다면 이 과정이 필수다. 반드시 이 과정을 끝낸 후, 〈파트 4〉에서 '기술 1~4'를 읽어주길 바란다.

활동 목록표 만들기 ✎

활동 종류	활동명	내용 설명 (보여줄 수 있는 나의 능력)

02

가치(A)
꿈은 자소서의 종착역이다

| 그림 1 |

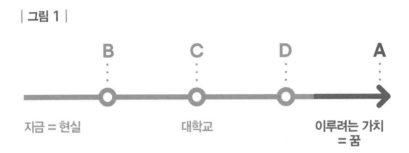

좁은 방을 꾸민다고 상상해보자. 방의 면적은 한정돼 있다. 아무렇게나 가구를 놓다가는 사람이 쉴 수 있는 공간으로서의 본래 역할을 할 수 없게 된다. 그렇다면 방을 깔끔하게 꾸미는 가장 좋은 방법은 뭘까. 계획을 먼저 세우고 가구를 들여놓는 것이다.

자기소개서를 쓸 때도 마찬가지 원리가 작용한다. 만약 우리에게 수십 장 정도의 자기소개서가 허용된다면, 이런 배치나 구성을 이야기하는 것이 아무런 의미가 없을지도 모른다. 그렇지만 우리에게는 4개의 문항, 다 합쳐봐야 5000자가량의 글로 나의 모습을 보여줘야 한다는 한계가 있다. 한 사람의 20년이라는 인생, 아니 3년 고등학교 생활을 담기에 턱없이 부족하다. 따라서 어떻게 '구성'할지 반드시 계획해야 한다. 좁은 방을 꾸미듯, 큰 가구들을 먼저 배치해야 한다. 그리고 그런 '큰 가구'들이 바로 [그림 1]에 있는 A, B, C, D다.

〈파트 4〉 기술1에서 기술4까지 가는 동안 자기소개서라는 좁은 방에 우선 배치해야 할 '큰 가구'인 A, B, C, D는 각각 무엇이며, 어떻게 배치해야 하는지 알아볼 것이다.

가장 먼저 자기소개서에서 제일 중요한 A를 알아보자. A는 다름 아닌 '꿈'이다. 적어도 학생부종합전형으로 대학을 가겠다는 학생이라면, 당연히 가고 싶은 과가 있을 것이고, 그런 과를 지망하는 뚜렷한 계기가 있을 것이다. 그런 계기의 종합을 우리는 '꿈'이라고 부른다.

흔히 '꿈'이라고 하면 직업을 떠올리지만, 직업은 꿈이 아니다. 다시 말하면, 직업은 꿈이 되기에는 부족하다. 꿈은 한 단어가 아니라 문장이어야 하고, 한 문장이 아니라 여러 문장으로 구성돼야 한다. 예컨대, '변호사'라는 한 단어보다 "사람들을 대신해 억울함을 풀어주는 일을 하고 싶다"가 꿈이 돼야 하고, 또 이것보다는 "사람들을 대신해 억울함을 풀어주고 싶다. 왜냐하면, 우리 집도 억울한 문제 때문에 힘들어한 적이 있었기 때문이다"처럼 여러 문장이고, 구체적일 경우에 그 꿈은 더 좋은 평가를 받을 수 있다. 다음은 A를 잘 구성하고, 진정성 있게 보여준 사례다.

사례 3 **꿈을 구체적으로 구성하여 나타낸 예**

꿈=직업	가치	이유나 계기
경제학자=교수	인간을 고려한 경제학으로 세상을 더 따뜻하게 만들고 싶다.	독서를 통해 기존 경제학은 이상적 인간상을 상정해두고 실제와 다른 세상을 연구하고 있다는 것을 느낀 것이 계기.
춤 공연 에이전시	수요자와 공급자를 잇는 에이전시를 함으로써 춤으로 행복한 세상을 만들고 싶다.	춤 동아리에서 공연자들을 만나면서, 수요와 공급의 매개가 부족하다고 생각함.
건축가	내가 만들어낸 결과물이 사람들에게 편안한 휴식처가 되면 좋겠다.	어렸을 때부터, 결과가 확실한 과학이나 수학을 좋아했는데, 건물같이 커다란 결과물이 생기는 건축에 주목함.

A는 매우 중요한 과정이다. 저자가 지금까지 상담한 학생 중에 A에 진정성이 있는 학생은 다 합격했다. 진짜 자신이 꿈꿔온 것, 즉 이루고 싶은 '가치'가 있고 나름 그 이유가 절실한 학생은 그 과정이 설사 힘들더라도, 결국 그 누구보다 기억에 남는 자기소개서를 만들어냈다는 이야기다.

충분히 고민해서, 자신의 A가 무엇인지 다음 표를 채워보자. 꿈을 찾는 일은 매우 어려운 과정이지만, 저자의 경험상 막연하게 '네 꿈은 뭐니?'라고 묻기보다 쉽게 떠올릴 수 있는 직업을 적고, 왜 그 직업을 갖길 원하는지, 그 직업이 자신에게 줄 수 있는 '가치'는 무엇인지 적어보자. 이렇게 꿈을 꾸게 된 동기를 적어보는 것이 진정성을 표현하는 가장 효과적인 방법이다.

꿈을 구체적으로 적어보기 ✎

꿈 = 직업	가치	이유나 계기

03

현실(B)
스펙은 잠재력을
보여주는 도구로 활용하라

| 그림 2 |

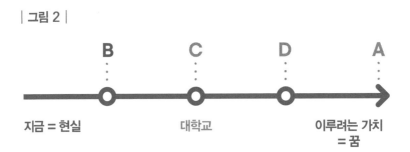

우리가 어떤 일을 하기 위해 부모님께 용돈을 타려 한다고 상상해보자. 일단 부모님께 용돈을 타려면 용돈을 가지고 하려는 일이 부모님이 생각하시기에 그럴듯하고 합당해야 한다(용돈이 필요한 이유를 설명하는 것은 자기소개서에 자신이 이루고자 하는 꿈을 표현하기와 같은 과정이다). 그렇지만 그 일이 합당하다고 해서 무조건 부모님이 용돈을 주는 것은 아니다. 예컨대 열아홉 살인 학생이 대통령 선거에 나가겠다고 용돈 1억 원을 달라고 한다면 그걸 들어줄 부모님은 없을 것이다. 대통령 선거에 당장 나가겠다는 계획은 전혀

현실성이 없기 때문이다.

　마찬가지로 자기소개서를 쓸 때도 내가 현재 처한 상황에서 꿈을 향해 나아가는 과정을 제시해야 한다. 우리는 앞에서 대학에 가고자 하는 이유로 꿈을 제시했다. 그러나 대통령 선거에 나가겠다는 열아홉 살 학생에게 아무도 1억 원을 주지 않듯이, 그 꿈을 이룰 것이라는 확신이나 비전이 없다면 대학도 '합격'이라는 자원을 당신에게 투자하지 않는다. 즉 불합격한다는 얘기다.

　그런 의미에서 대학에 들어가고 싶다면 대학이 당신을 합격시켜줘야 이룰 수 있는 꿈을 제시해야 하고, 그 '꿈'을 실제로 이룰 자질이 있음을 보여주어야 한다. 그것이 여기에서 설명하려는 내용이다. 여기서 우리가 고민해야 할 것은 딱 두 가지다.

> 첫째, 꿈을 이루는 데 필요한 자질이나 조건은 뭐가 있을까?
> 둘째, 꿈을 이루는 데 필요한 자질이 지금 내게 있다는 것을
> 어떻게 증명할까?

꿈에 필요한 자질을 적어보자

첫째 과정은 각자 꿈을 조사하고 필요한 자질을 생각해보면 된다. 다음의 [사례 4]는 그동안 지도해온 학생들의 꿈과 그 꿈으로 다가가는 데 필요한 자질이라고 생각한 것을 같이 적어본 것이다.

 사례 4 **꿈과 그것에 필요한 자질의 예시**

꿈	자질들
경제학자	수학적 사고 능력, 경제학적·합리적 사고 능력, 경제에 대한 탐구 열정, 연구 기획 능력, 리더십, 영어 용어를 이해하고 학습하는 능력, 세계적 학자들과 교류하는 데 필요한 글로벌 능력, 사물을 보는 통찰력
건축가	디자인 감각, 팀을 이끄는 리더십, 수리적 사고 능력, 경제적 사고 능력, 안전을 위한 윤리 의식, 물리·역학적 지식, 창의성, 외국 건축물을 연구하는 데 필요한 글로벌 능력, 원리를 탐구하는 능력
춤 공연 에이전시 업체 창업	공연을 보는 안목과 예술적 감각, 경영학적 사고 능력, 팀을 이끄는 리더십, 글로벌 능력, 문화적 다양성, 실제 공연 경험, 창의성, 춤에 대한 열정, 기획 능력, 모객 능력, 마케팅적 사고

이렇게 필요한 여러 가지 자질을 스스로 적어보고, 또 주변 사람들과 이야기하면서 꿈을 이루는 데 필요한 능력이 무엇인지 생각해봐야 한다. 생각만 하고 적지 못하면 실제로 알고 있는 것이 아닐뿐더러 중요한 순간에는 생각이 나지 않으니 반드시 다음 양식에 적어보자.

꿈과 그것에 필요한 자질의 예시 🖉

꿈	자질들

활동 목록으로 자질이 있음을 증명하자

둘째 과정은 꿈을 이루는 데 필요한 여러 가지 자질들이 본인에게 있음을 증명하는 과정이다. 어떻게 그러한 자질이 있음을 증명할 수 있을까? 여기서 바로 '활동 목록'을 사용한다. 앞에서 우리가 직접 적어본 자질을 내가 해온 활동을 가지고 어떻게 증명할 수 있는지 알아보자. [사례 5]는 [사례 4]를 기반으로 학생들이 작성한 것이다.

사례 5 경제학자가 꿈인 학생의 자질 증명하기의 예

경제학자가 되기 위한 자질	어떻게 증명할 것인가?
경제학적·합리적 사고 능력	교내 경시대회 은상·금상·대상, TESAT S급, 교내 경제 내신 1등, 경제 소논문 작성, 관련 독서
수학적 능력	교내 수학경시대회 동상 수상, 우수한 수학 내신 성적
탐구에 대한 열정	교내 소논문 발표 대회 참가(경제 소논문), 학급 아이들을 대상으로 한 내신 경제 강의(학생부 기재)
학문에 대한 열정과 나눔	저소득층 멘토링 봉사 활동, 복지관 봉사, 교내 정기적 봉사 등
글로벌 능력	영어로 경제 보고서 작성, 교내 글로벌 토크 콘서트 기획 및 진행, 우수한 영어 내신 성적, 영어경시대회 은상

사례 6 건축가가 꿈인 학생의 자질 증명하기의 예

건축가가 되기 위한 자질	어떻게 증명할 것인가?
물리학적·수학적 사고 능력	골드버그 장치 제작 대회, 수학 및 과학 과목 성적 향상, 건축 관련 보고서 작성, 관련 독서
탐구에 대한 열정	스터디 그룹 내 공부 방법 개발, 건축물 모델링 개발, 한옥 건축물 답사, 관련 독서
글로벌 능력	영어 수행 평가 중 영어로 건축물 소개 및 발표, 영어 성적 향상
팀을 이끄는 리더십	교내 건축 동아리 회장, 스터디 그룹 2개 결성 및 주도적 참여
미적 감각, 창의성	벽화 그리기 봉사 활동 참여

[사례 5]와 [사례 6]처럼 앞에서 작성한 활동 목록표를 참고해 자신이 꿈을 이루는 데 필요하다고 생각한 자질들을 어떻게 보여줄 수 있는지 활동과 연관 지어 적어보자. 활동 목록표만 제대로 작성해놨다면 그리 어렵지 않을 것이다. 우선 생각나는 대로 정리해놓고 나중에 배울 여러 가지 기술을 적용해 조금씩 수정하면 점점 더 완벽해질 것이다. 이제 직접 자신의 꿈에 필요한 자질을 기록해보도록 하자.

꿈에 필요한 자질 증명하기 ✎

( )가 되기 위한 자질	어떻게 증명할 것인가?

04

대학교(C)

대학이 당신을 뽑아야 하는
이유를 적어라

| 그림 3 |

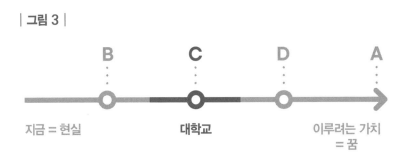

  지금까지 꿈을 제시하고 그 꿈을 이루는 데 필요한 자격을 증명하는 과정이 모두 여러분의 입장을 반영한 사항들이라면, 이번에는 대학의 입장을 고려해봐야 한다. 읽으면 무조건 성적이 20점 오르는 사회 문제집이 있다 하더라도 여러분이 자연 계열 학생이라면 그 사회 문제집을 사지 않을 것이다. 왜냐하면 그 문제집이 아무리 좋아도, 자연 계열인 당신에게는 쓸모없기 때문이다.

  대학도 마찬가지다. 아무리 여러분이 미래에 성공할 가능성이 높더라도 대학이 원하는 성과를 내주지 못한다면 여러분을 뽑을 이유가 없다. 아주 단적인 예로 서울에 있는 유명 외국어고등학교의 전교 1등이 수도권에 있는 중하위권 대학에 지원한다면 붙을 수 있을까? 100퍼센트 떨어진다. 왜냐하면 대학이 입학사정을 할 때 가장 큰 평가 요소 가운데 하나가 '이 사람이 합격한다면 우리 학교에 올 가능성이 있는가'이기 때문이다. 대학도 '대학의 입장'을 철저히 고려해 학생을 선발하는 것이다.

앞에서 꿈을 제시하고 또 꿈을 이룰 자격이 있음을 증명했다면, 이번에는 대학 입장에서 바라보고 왜 당신을 뽑아야 하는지를 설득해야 한다. 보통 대학이 선발하고 싶은 지원자의 모습은 '인재상'으로 정해놓았다. 그러므로 대학이 뽑고 싶어 하는 인재를 파악하는 일은 매우 간단하다. 주요 대학의 입학처 홈페이지에 들어가서 각 대학이 원하는 인재상과 자질을 기록해두자. 다음에 나오는 예시는 ○○대학교에 지원한 학생의 사례다(각 대학들이 선호하는 활동이나 지원자의 성향은 주요 대학을 중심으로 〈파트 5〉에서 다룰 것이다).

○○대학교의 인재상과 그 증명 방법

인재상	증명할 수 있는 방법
성실성	매주 멘토링 봉사에 성실히 임함 모범상 수상 2회, 개근
리더십	동아리 부회장 연합 동아리 컨퍼런스 기획 모의국제회의 의장
공선사후 정신	동아리 부회장으로서 리더십 발휘함
전공적합성	교내 경시대회 은 · 금 · 대상 수상 TESAT S급 수상 수학경시대회 동상 수상
창의성	경제 탐구 소논문 → 창의적인 주제 선정 → 동아리 활동 기획 및 보고서 작성 → 활동 기획

[사례 7]처럼 각자 지원하는 대학에 맞는 인재상을 적고, 앞에서 만든 활동 목록표를 참고해 인재상을 보여줄 만한 활동을 적는다. 자신의 상황에 맞게 다음 칸을 채워보자.

대학이 원하는 인재상에 맞춰 증명하기 ✎

지원 대학의 인재상	증명할 수 있는 방법

05

과정(D)

대학에 들어간 다음의
행동 계획을 세워라

| 그림 4 |

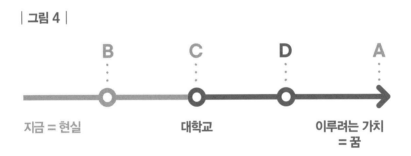

이번에는 대학에 들어간 다음의 행동 계획을 세워보자. 만약 당신이 대학에 간다면 어떻게 꿈을 향해 달려갈지 보여주는 것이다. 보통 대학별로 자율 문항이 주어지는데, '대학에 들어온 후 학업 계획이 어떻게 되는지 서술하시오' 같은 문항이나 '대학에 들어온 후 진로 계획에 대해 서술하시오' 등의 문항을 출제하는 대학들이 있다.

이런 문항들은 지원자가 대학에 입학한다면 진로 희망과 목표를 향해 어떻게 노력할 것인지를 직접적으로 물어보는 것이다. 진정성 있게 목표를 세운 사람이라면, 대학에 와서 목표를 이루기 위해 어떻게 노력할지에 대한 생각이 있어야 한다.

진로 희망과 목표를 달성하기 위한 행동 계획을 표현하는 가장 쉬운 방법은 대학들이 학부생이나 대학원생에게 제공하는 프로그램들을 이용하는 것이다. 보통 많은 학생들이 대학원 진학이나 유학, 교환학생 프로그램 등을 이용하거나 단순하게 학과 수업이나 커리큘럼 등을 이용해 서술한다. 아래 예시를 참고하자.

 국제물류학과 지원자

국제물류학을 전공한다면, 개인적으로는 전공에서 쌓은 지식을 기반으로, 대학생 신분으로 참여할 수 있는 산학 연구가 있다면 직접 참여하거나 나서서 연구해 보고 싶습니다. 제가 현재 속한 경제 동아리는 기업 체험 후 보고서를 발간하는 형태로 활동하는데, 대학생이 되면 산학 연구를 통해 산업에 실질적으로 영향을 미칠 수 있는 활동을 해보고, 이를 고등학교 때와 비교해보고 싶습니다.

또 세계 문화도 공부하고 싶습니다. 문화를 이해하는 것이 그 나라를 이해하는 것이고, 또 물류에서 가장 중요한 것이 물류를 맺는 주체끼리의 이해라고 생각하기 때문입니다.

사례 9 · 반도체학과 지원자

저는 대학에 입학해서 일차적으로 전자전기 및 컴퓨터 공학 분야에 대한 기본 지식을 쌓는 데 최선을 다할 것입니다. 반도체소자를 알려면 회로설계, 제어, 신호처리, 정보통신과 컴퓨터 분야에 대한 기초적인 지식을 흡수할 필요가 있다고 생각하기 때문입니다. 구체적으로는 전기회로, 전자회로, 객체지향 프로그래밍, 마이크로프로세서, 반도체소자, 마이크로프로세서 응용설계, 집적회로(설계), 임베디드시스템 응용설계 등의 과목에 특히 흥미가 많습니다. 학과 공부를 하며 현재까지 개발된 반도체소자들을 탐구하고자 관련 논문들을 찾아보고 기술을 조사함으로써 어떤 소자들을 개발하고 어떤 기술을 만들어낼 것인지 계획을 잡아가고 싶습니다.

사례 10 · Language&Diplomacy 학부

현실적인 성취를 위해 대학교에서 최소 5개의 언어를 익힐 것입니다. 1, 2학년에 걸쳐 진행되는 외국어를 사용하는 토론식 수업에서 저의 목표 달성을 위해 노력할 것이며, 더 나아가 토론하는 과정에서 순발력과 논리성을 배우겠습니다. 특히 외교영어 학습은 지금의 영어 실력을 넘어 아나운서로서의 전문적인 역량을 향상시킬 수 있는 좋은 기회라고 생각합니다.

또한 고등학교 때부터 관심이 많던 역사의 연장선으로 근대외교사와 한국사를 배워나갈 것이며, 다양한 국제법과 국제정치까지 습득해 세계의 흐름과 그 속에서 한국의 발전 방향을 생각하겠습니다. 무엇보다 윤리와 사상을 배우다가 흥미가 생긴 철학을 이수해 동서양 사상가의 서로 다른 철학관을 비교해 철학적 세계관을 성장시킴으로써 생각의 깊이와 실천할 수 있는 바탕을 다지겠습니다. 이를 바탕으로 국제사회에 나갔을 때 세계 속의 한국인으로서 명확한 생각을 전하겠습니다.

이처럼 대학의 프로그램이나 대학에 들어가면 배울 과목들을 가지고 어떤 활동으로 자신이 목표로 적은 꿈에 다가갈지 표현하고 있다.

진로 계획을 물어보는 대학이 많다. 진로 계획은 1~3번 문항을 답변하면서 녹여낼 수 있다면 서술하는 것이 좋다. 목표로 설정한 꿈이나 장래 희망이 진정성 있는 것임을 보여주는 데 목표에 대한 거대한 설계나 비전이 도움되기 때문이다.

인재상에 어울리는 활동 BEST 6

—

'인재상'에 사용되는 단어는 우리가 평소에 잘 쓰지 않는, 애매한 뜻을 포괄한 단어들이기 때문에 자기소개서 작성에 어려움을 겪는 경우가 많다. 인재상에 쓰인 단어들을 이해하기 쉽도록 설명하고 인재상을 드러내기 좋은 활동을 보여줌으로써 좀 더 자기소개서 작성에 도움이 되도록 했다.

1. 글로벌 ○○

인재상에는 글로벌 능력, 글로벌 인재 등 글로벌 어쩌구 하는 단어들이 많다. 입학사정관제 시기에는 이를 대체로 외국어 능력이나 성적이라고 이야기했지만, 학생부종합전형에서는 글로벌 시대를 살아가는 능력, 혹은 글로벌 시대에서 잘 살아갈 인재를 뜻한다. 즉, 단순히 외국어 성적이 아니라 다른 문화를 이해하고, 수용하고, 열린 자세로 소통할 수 있는 능력을 포괄적으로 의미한다.

보고서를 영어로 작성한다거나, 외국의 문화에 대한 책을 읽고 발표를 하거나, 외국인 친구나 외국인 선생님과의 에피소드 등을 자기소개서에 서술함으로써 이런 능력을 부각할 수 있다.

2. 리더십

리더십은 단순히 회장, 부회장 활동을 뜻하지 않는다. 반 청소를 하거나, 체육부장을 맡더라도, 그 안에서 나름대로 리더십에 대한 정의를 내릴 만큼의 깨달음을 얻는다면, 리더십이 있는 학생이 될 수 있다. 청소를 안 하고 도망가는 아이들을 타이르거나 설득해 청소 참여율을 높였다면, 이걸로도 충분히 리더십을 드러낼 수 있다. 그러므로 회장, 부회장을 맡지 않았다 해도 걱정하지 말고 다른 방면에서 리더십을 보여줄 수 있는 사소한 것부터 살펴보도록 하자.

3. 연구인 또는 학자

연구인, 전문인, 학자 등의 인재상은 '질문과 대답'을 할 줄 아는 사람을 의미한다. 기본적으로 학자와 연구자는 질문을 던지고, 그런 질문을 합리적인 방법과 학문적 지식을 통해 풀어가는 사람들이다. '한자 시간에 상형 한자의 원리를 탐구하려고 수십 개의 한자를 쪼개서 분석함으로써 한자를 외우는 나만의 방법을 발견했다'와 같은 경험이라면 학자적, 연구자적 자질을 보여줬다고 할 수 있다.

4. 지적 호기심

끊임없이 질문할 수 있는 능력이 지적 호기심이다. 역사 교과서에서 본 스페인의 남아메리카 정복이 더 궁금해져서『총,균,쇠』를 읽고, 이를 바탕으로 보고서 활동을 했다는 식으로 이어진다면, 지적 호기심과 해결 과정의 수준이 충분히 높다고 할 것이다. 꼭 지적 호기심을 거창하게 해결해야 하는 것은 아니다. 수업 시간에 많은 질문을 하고, 어려운 문제를 풀려고 끝까지 노력하고, 세상에 대해 궁금한 것들을 자연스럽게 표현하는 것만으로도 지적 호기심은 충분히 드러난다. 지적 호기심은 선생님의 관점에서 자연스럽게 학생부에 묻어나는 것이 가장 좋다.

5. 문제 해결 능력

문제 해결 능력은 크게 두 가지를 보여줘야 한다. 첫 번째는 문제 상황이나 위기에 대한 분석력, 두 번째는 분석을 바탕으로 한 대책과 그 결과물이다. 성적이 떨어졌다면 이 상황의 원인을 분석한다. 암기 부족이었다는 원인을 찾았다면 자신만의 암기 방법을 만들어 문제를 해결하려고 노력하고, 그 덕분에 성적이 올랐다면 문제 해결 능력이 있는 사람이라고 볼 수 있다. 성적뿐 아니라 친구 관계, 사제 관계, 부모님과의 관계 등 여러 삶의 과정 속에서 문제의 원인을 찾고 해결하는 이야기로 문제 해결 능력을 보여 주도록 하자.

6. 창의성

창의성을 한마디로 정의하기는 어렵지만, 가장 쉽게 드러낼 수 있는 방법은 '문제 해결 능력'과 함께 보여주는 것이다. 똑같이 성적 하락의 원인이 암기 부족이어도, 단순히 공부 시간을 늘려서 문제를 해결한 학생과, 자신만의 암기법을 이용해 해결하고자 한 학생은 다른 평가를 받는다. 당연히 후자의 학생이 더 효율적이고, 발전적인 방법으로 문제를 해결한 것이다. 이런 식으로 문제를 해결하는 나름의 과정을 보여주면 창의성을 드러내는 데 큰 도움이 된다.

● ● ●

2021년 현 고3, 고2에게 적용되는
대입자기소개서 양식에 맞추었다!

PART 3

진부한 자소서에서
벗어나는 공통문항 분석

"축소됐으니까 우리는 잘 써야 한다."

"먹을 게 없네" 하는 푸념은 정말 먹을 게 없다는 의미이기도 하지만 결국 대안이 없다면 '그거라도 먹겠다'라든지, '먹을 거라곤 그거밖에 없다'는 뜻이기도 하다. 자소서가 줄어들고, 학생부가 줄어든다고 했을 때, 학생부 전형을 평가하는 입학사정관 단체나 대학의 입학처에서는 모두 우려의 목소리를 냈다. 그중 "그럼 이제 뭘 보고 선발하라는 거냐"는 우려의 목소리가 높았다. 반대로 생각하면 결국 이 말은 현재까지 남아 있는 평가 요소는 기존보다 몇 배는 더 중요한 요소가 됐다는 의미이기도 하다. 그래서 우리에겐 줄어든 이 평가 요소 하나하나가 소중하고, 이 중요해진 평가 요소를 이용해 더 많은 것을 대학에 보여주고자 노력해야 한다.

01

1번 문항

활동이 아니라 어필 포인트를 고민해라

1번 문항은 단언컨대 이번 자기소개서가 개편된 내용 중에서 가장 중요하다. 기존에 1번과 2번 문항으로 총 2500자 분량으로 서술할 수 있었는데 이제 1500자 한 문항으로 줄어들었다. 문항은 아래와 같다.

2021학년도 자기소개서 공통양식	2022학년도 자기소개서 공통양식(비공식)
1. 고등학교 재학 기간 중 학업에 기울인 노력과 학습 경험을 통해, 배우고 느낀 점을 중심으로 기술해 주시기 바랍니다.(띄어쓰기 포함 1000자 이내)	1. 고등학교 재학 기간 중 자신의 진로와 관련하여 어떤 노력을 해왔는지 본인에게 의미가 있는 학습 경험과 교내 활동을 중심으로 기술해 주시기 바랍니다. (띄어쓰기 포함 1500자 이내)
2. 고등학교 재학 기간 중 본인이 의미를 두고 노력했던 교내 활동(3개 이내)을 통해 배우고 느낀 점을 중심으로 기술해 주시기 바랍니다. 단, 교외 활동 중 학교장의 허락을 받고 참여한 활동은 포함됩니다. (띄어쓰기 포함 1500자)	

이 문항은 어떻게 접근해야 하는지 학부모, 학생들이 가장 많이 궁금해하는 점을 통해 알아보자.

질문 1. 몇 가지 활동·경험을 써야 할까?

많은 학부모들이 묻는 주제인데, 사실 질문 자체가 그렇게 영양가 있진 않다. 몇 개를 쓰느냐가 별로 중요하지 않기 때문인데, 굳이 답을 하자면 세 개다. 그 이유는 기존에 2번 문항이 1500자 문항이었는데, 그 문항이 최대 세 가지 활동을 쓰도록 허용했기 때문이다. 한 활동당 500자씩 배분하거나, 제일 의미 있는 활동에 600자, 나머지 활동에 450자씩 배분하면 가장 좋을 것으로 보인다.

많은 학생들이 '500자는 너무 적은데, 750자씩 두 활동만 쓰면 어떨까?' 하고 많이 고민하는데, 사실 기존 2번 문항을 작성할 때에도 계속 제기돼왔던 의문이다.

"활동이 최대 세 개니까 두 개만 자세히 쓰면 어떨까요?"

뒤에서도 계속 말하겠지만, 학생부가 축소됐기 때문에 현실적으로 학생의 모습을 보여줄 거의 유일한 창구로 남은 자소서에 최대한 많은 내용을 담고자 노력하는 것이 좋다. 활동에 대한 설명을 배제하고, 자신의 역할과 어필포인트를 밀도 있게 담는다면 세 가지 활동 내용을 쓰는 것이 가능할 것이다. S대 입학사정관과의 질답으로 이 질문에 대한 답을 마무리하려 한다.

> **나 :** (기존) 2번 문항에 활동이 최대 세 가지까지 쓸 수 있도록 했는데 두 개가 유리한가요? 세 개가 유리한가요?
>
> **입사관 :** 하하. 저희 학교 지원하는 학생들은 대부분 세 개를 쓰던데요?

경쟁이 심한 학교일수록 우수한 학생이 모이기 마련이고, 당연히 활동이 많은 학생은 활동을 많이 보여주고자 노력한다. 그래서 대부분이 세 가지 활동을 쓴다는 이야기이다. 문항이 합쳐졌으니 당연히 경쟁자들은 더 많은 것을 보여주고자 세 개의 활동을, 혹은 그 이상의 활동을 쓰고자 하지 않을까.

질문 2. 활동 3가지를 뭘 쓰면 좋나요?

이런 단순한 질문을 기반으로 1번 문항을 작성하면, 어떤 활동 3가지를 쓰든 평가자의 입장에서는 지원자에 대해 읽어낼 내용이 없다. 계속 반복해서 이야기하지만 자기소개서를 쓰는 이유는 정량적으로 보여주지 못하는 자신의 모습을 보여주기 위함이다.

사례 1 춤을 좋아해, 한일교류까지 하게 됐는데, 춤이란 공통점 덕분에 일본인 친구와 금방 친해졌습니다. 이들과 소통하며 문화를 접하고 배우는 '환경'이 부족함을 다시 깨달았고, 행사 마지막 날에 친구들과 SNS 친구를 맺고, 후에 한국으로 초대해 지속적인 인연으로 만들었습니다. 그 덕분에 일본 문화와 정서를 접할 수 있는 '환경'을 스스로 만들 수 있었습니다.

사례 2　한 번에 모두 모여서 안무, 음악, 의상을 짜려면 오랜 시간이 걸렸습니다. 많은 사람을 한 번에 모으는 것은 비효율적이었습니다. (⋯) 경제학 수업 시간에 배운 분업의 원리가 생각났고, (⋯) 그 결과 평소보다 줄어든 준비 시간으로 동아리 공연 준비의 효율성을 높일 수 있었습니다.

[사례 1]과 [사례 2]는 모두 춤을 춘 경험을 말하고 있다. 하지만 [사례 1]은 춤을 통해 일본어도 배울 수 있었음을, 그리고 그 과정에서 일본어를 학습하기 좋은 환경으로 스스로 만들었다는 내용을 보여준다. [사례 2]는 댄스 동아리 활동에서 분업의 원리를 이해하고 이를 조직에 적용해 효율적으로 운영할 수 있었음을 강조하고 있다. 이렇게 같은 '춤을 춘 경험'이지만, 이를 통해 보여줄 수 있는 가치는 활동 자체가 아니라 활동 속에서 자신이 맡은 '역할' 그리고 그 역할을 '수행'하는 과정에 따라 무궁무진하게 달라진다. 따라서 우리는 [파트 1]에서 어떤 가치가 대학에 진학하는 데, 혹은 내가 꿈을 이루는 데 필요한지 적은 자기소개서 설계도를 보면서, 1번에서 어떤 가치를 보여줄지 설정하는 것이 가장 먼저 고민해야 할 부분이다. 따라서 1번을 쓰기 전에 먼저 다음과 같은 순서로 고민해봐야 한다.

1. 대학의 평가자가 나에게 기대하는 모습(가치)은 무엇인가?
2. 그런 모습을 보여줄 수 있는 경험은 무엇이 있는가?

다음 고민을 표로 나타내면 아래와 같다.

사례 3 생명공학과 지망 학생의 예시

대학이 원하는 가치	가치를 보여줄 활동	가치를 보여줄 수 있는 이유	다른 문항에 쓴 활동인가?
비판적 사고력	토론대회 참여	환경과 관련된 주제에 대해서 다양한 관점에서 장단점을 파악하며 토론을 준비함	X
과학에 대한 지적 호기심	오렌지 실험	스스로 궁금한 부분에 대한 주제를 잡고 실제로 설계부터 결과 도출까지 문제를 극복하며 참여함	X
생명과학 학업 역량	생2 공부를 위해 읽고 들은 강연과 논문	자발적으로 생2 공부에서 심화적인 궁금증을 해결하기 위해서 영어로 된 논문과 동영상을 시청함	1번에 사용
환경에 대한 관심과 실천	에코○○○ 동아리	실제로 환경의 문제점을 지적하고 개선하기 위한 제안서를 쓰고 제출함	X

앞의 [사례 3]과 같이 대학이 원하는 가치를 쓰고, 그 가치를 보여줄 수 있는 활동이 무엇인지 적으면 된다. 이미 우리는 [파트 2]에서 다양한 활동

을 대학이 평가하고자 하는 가치를 중심으로 정리해 봤다. 가치와 활동을 그대로 옮겨 적되, 1번에서는 활동을 1500자가량 서술해야 하기 때문에, 만약 토론대회에 참여했다면, 어떤 역할을 맡았는지 혹은 어떤 깨달음이 비판적 사고력이나 사안에 대한 깊은 통찰력을 얻게 해주었는지를 적어두자. 그러면 1번을 서술하는 방향성을 설정하기 좋다. 당연한 이야기지만 다른 문항에 이미 사용한 활동은 활동이 너무 부족하지 않은 이상 굳이 반복해 쓸 필요 없다. 다음은 앞의 사례를 바탕으로 작성한 실제 자기소개서 일부다.

사례 4 ▸ 실제 작성된 자기소개서

2년 동안의 과학창조반 활동은 스스로 능동적인 탐구를 할 수 있도록 해준 "프로메테우스"이었습니다. 1학년때 Ⅰ, Ⅱ과목을 배우기 전이어서 제대로 실험을 할 수 없었고 친구들을 따라하기 바빴습니다. 하지만 2학년때 탐구과목을 배우면서 실험에 이용되는 과학 현상을 이해할 수 있어 적극적으로 참여하다보니 자발적인 실험을 해보고 싶었습니다. 그래서 동아리를 만들어 자율적으로 실험을 진행했습니다. (…) 오렌지 하나도 호기심만 가지면 3주 동안이나 탐구할 내용이 있음을 알게 됐고, 다양한 사물을 다양한 시각에서 호기심을 가지고 바라보는 법을 배웠습니다. 또 이러한 호기심을 갖기 위해서는 다양한 지식을 스스로 알고 있어야 함도 깨달았습니다.

과학탐구 토론 대회에서는 환경오염 문제의 해결책을 다양한 시각에서 바라볼 수 있었습니다. 도시 광산에서 나오는 금속의 재활용을 주제로 과학 탐구 토론대회에 참가했습니다. (…) 토론을 하며 떠오르는 환경오염의 실천방법의 폭을 넓힐 수 있었습니다. 물 아껴 쓰기, 쓰레기 줄이기보다 도시에서 외면하는 자원을 재활용하는 것과 같이 미래에 중요할 수 있는 많은 방법이 존재한다는 사실을 알게 되었고 (…)

환경문제를 개선하여 사람들이 살기 나은 환경을 만들고 싶었습니다. (…) 여러 지역에서 진행한 이 활동을 토대로 성남시의 자전거 도로 실태와 구체적인 해결 방안을 정부에 제출했습니다. (…) 자연환경을 보존하기 위해서는 우선적으로 생활환경부터 개선해야 한다는 것을 알게 되었고 그런 개선의 실천이 저의 사소한 행동으로부터 시작될 수 있다는 것을 느꼈습니다.

여러분도 다음 양식을 채움으로써 1번을 고민하는 방향을 올바르게 바꿔, 활동 자체가 아니라 자신의 구체적인 모습과 역할을 서술해보도록 하자.

자기소개서 소재 정리 양식 🖋

대학이 원하는 가치	가치를 보여줄 활동	가치를 보여줄 수 있는 이유	다른 문항에 쓴 활동인가?

질문 3. 반드시 들어가야만 하는 내용도 있을까요?

대학은 공부하는 곳이다. 그런 곳에서는 당연히 학생의 '수학 능력'을 알고 싶어 한다. 군이 비유하자면 1번 문항은 수학할 만한 잠재력이 있는 학생인지 알아보는 '수능'이라고 생각하면 된다. 그런데 모든 학생이 1번 문항을 받아들고는 이렇게 말한다.

"학습경험에는 공부한 경험을 쓰는 건가요?"

자기주도학습이라고 하면 학생들은 독서실 책상에 박혀 문제집을 푸는 모습을 떠올린다. 사실 학생 잘못이라고 할 수도 없다. 그만큼 우리는 '학습'

의 의미를 지나치게 좁게 생각하고 있다. 학습이 무엇인지 국어사전에서 찾아보면 다음과 같이 나온다.

- **학습** : 연습이나 경험의 결과로 생기는 비교적 지속적인 유기체의 행동변화(교육학대사전)
- **학습** : 배우고 익힘 (국어사전)

교육학적 정의로 보나 국어사전적 정의로 보나, 학습은 교과 공부를 통해 성적을 올린 경험만으로 한정되지 않는다. '배우고 익힘'은 당연히 일상생활에서도 가능하다. '연습이나 경험'이 문제집을 푸는 것만 뜻하는 것도 아니고 '행동변화'를 만드는 방식에는 제한이 없다. 따라서 우리는 문제집을 풀거나 국영수를 열심히 공부한 경험 대신 동아리에서 배운 것, 봉사에서 배운 것, 독서에서 배운 것, 발명하며 배운 것 등 다양한 종류의 활동 경험을 '학습경험'으로 생각할 수 있다. 이제부터는 성적 올린 이야기 말고 다른 신선한 소재로 1번을 채워보자. 이제부터 많은 사례를 살펴볼 텐데 그렇게 쓰고 싶어 하는 '성적 올린 이야기'도 있으니 굳이 쓰고 싶다면 참고하도록 하자.

동아리 활동도 1번에 쓸 수 있다

 동아리 활동을 통한 학습을 보여준 사례

2학년 때 제가 소속해 있는 동아리에서는 어디로 견학을 갈지를 정하고 있었습니다. 저는 평소에 식물은 오감으로 느껴야 한다고 생각해서 식물을 가까이서 느낄 수 있고 거리상으로도 가까운 편인 국립생태원에 가자고 제안했습니다. 하지만 식물관찰은 지루할 것이라고 판단한 많은 친구들이 반발을 하였습니다. (…) 국립생태원이 거리상으로도 가까워 일찍 활동이 끝날 것이니 자유로운 시간을 많이 가질 수 있을 것이라는 말로 설득하였습니다. 비록 여전히 반발하는 아이는 존재하였으나 과반수 이상의 아이들의 마음이 바뀌어 국립생태원에 갈 수 있게 되었습니다.

국립생태원에서는 기대했던 대로 여러 기후대의 식물들과 잘 알려지지 않았지만 신기한 형태와 아름다운 향기를 가진 식물들을 오감으로 느낄 수 있었습니다. 하지만 무엇보다 기억에 남는 경험은 예전에 소설과 교과서에서 보고 형태와 크기에 매료되었던 바오밥나무를 실제로 본 것이었습니다. 국립생태원으로의 견학은 저에게 식물은 오감으로 느끼는 것이라는 생각을 강화시켜준 의미 있는 활동이었습니다.

국립생태원을 갔다 온 후에 저는 이 견학활동에서 보았던 식물들과 느낀 점을 정리하여 아이들과 나누고 싶다는 생각을 하기 시작했습니다. (…) 보고서를 작성하여 견학보고서 대회에 참가하게 되었습니다. 비록 사진을 첨가하면 안 된다는 규정을 헷갈려 상은 타지 못했지만 선생님들께 내용면에서 완벽하다는 평가를 들었고, 보고서를 쓸 때 조사를 하면서 국립생태원에서 보았던 많은 해독작용을 하는 식물들에 대한 관심이 심화되어 생약추출물의 항균효과를 실험하는 계기가 되었습니다. (후략…)

[사례 5]는 동아리를 학습경험으로서 서술했다. 동아리 활동에서 전공과

관련한 자질을 보여줄 수 있다면 얼마든지 1번 내용으로 사용할 수 있다. 물론, 그렇게 할 것이라면 동아리 활동이 자신의 교과적인 역량과 학습 역량에 어떻게 도움이 됐는지 위주로 서술하는 것이 바람직하다. 따라서 동아리 활동을 하기 전에는 어떤 상황이었으며 활동 후 어떤 깨달음을 얻었는지를 학습적인 측면에서 명확히 전달해줄 필요가 있다.

공부한 경험을 쓴다면 다양한 가치를 드러내자

학생부종합전형이 내신 숫자만을 본다면, 자기소개서를 쓸 필요가 없지만 앞선 여러 장에서 말했듯이 학생부종합전형은 내신 등급 자체보다 그런 내신 등급을 어떻게 받게 됐는지, 내신은 좋지 않더라도 과목에 대한 관심이 있는지, 내신 성적이 좋다면 남들과 지식을 나눌 줄 아는지, 협력할 수 있는지 등을 평가하는 전형이다. 따라서 단순히 내신이 3등급에서 1등급이 됐다는 식으로 '성적 향상'만 보여줄 것이 아니라 그 과정이 자신에게 내재되어 있는 가치에서 나왔다는 것을 보여줘야 한다. 그런데 많은 학생이 "성실하게 공부했다", "암기가 아니라 이해를 했다"는 유의 판박이 같은 내용들로 자기소개서를 채우고 있다. 판박이 같은 내용 속에서 평가자는 지원자에게 어떤 특징이 있는지 찾을 수 없다. 다음은 판박이에서 벗어나 다양한 수업, 성적 관련 내용으로 자신만의 특색을 어필한 사례다.

수업시간 중의 활동을 활용한 사례

　배움은 머리속뿐 아니라 '머리 밖'에서도 가치 있음을 배웠습니다. 수학과 지구과학은 제가 살고 있는 지구가 어떤 원리로 돌아가는지를 알게 해주는 공부여서 늘 관심이 많았습니다. '이건 왜 이럴까'하는 호기심을 풀어가면서 자기주도적으로 공부하다보니, 저는 저만의 문제집, 필기노트, 핵심노트 등을 만들고, 선생님들께 제가 만든 노트나 문제집을 보여드리기도 했습니다.　2학년 때 이런 절 보신 선생님은 수학 부장을 맡아 학생들에게 제가 가진 공부 콘텐츠들을 나눌 것을 제안하셨습니다. 흔쾌히 받아들이려 했는데, 문제가 있었습니다. 선생님께서는 매 수업마다 문제 콘텐츠를 만들기를 원하셨지만, 매일 있는 수학 수업을 생각하면, 제 시간이 매우 줄어들 수밖에 없었습니다. 포기할까 고민하다가, '절충'점을 찾기로 결심했습니다. 주당 5번에서 3번으로 횟수를 줄이는 대신, 푼 문제를 채점하고, 답안뿐 아니라 해설도 제공하기로 했고, 담당자를 1명 더 뽑아, 해설을 여러 방법으로 제공하여 콘텐츠의 '질'을 더 높이겠다 말씀드렸습니다. 횟수가 줄었지만, 질을 높이는 절충안을 말씀드려 제 공부 콘텐츠를 친구들과 나눴습니다. 처음에는 제 비법을 나눈다는 점에서 거리낌도 조금 있었지만, 수학 부부장 친구와 해설을 고민하며 다양한 해설을 접하고, 친구들이 하는 날카로운 질문을 대비하다 보니, 이전보다 깊은 공부를 할 수 있었습니다. 그 결과, 지속적으로 수학과목 교과우수상과 창의력논술대회에서 수상할 수 있었고, 무엇보다 지식은 내가 쥐고 있을 때만이 아니라, 남들과 나눌 때에도 내게 도움이 되는 것임을 배웠습니다.

　[사례 6]은 수업시간에 하는 활동을 활용해 1번 문항을 채운 사례다. 학

교에서는 수업시간 중 발표, 보고서 작성, 독서 등 다양한 활동을 할 수 있다. 학습부장을 맡았다면, 아이들과 함께 공부한 과정을 보여줄 수 있고, 영어시간에 전공 관련 발표를 했다면 영어 실력과 더불어 전공에 대한 관심도 보여줄 수 있다. 이런 다양한 경험을 바탕으로 자기소개서 1번을 채우면 단순히 성적이 우수하다거나 올랐다는 이야기 말고도 다양한 모습을 학업 역량과 함께 보여줄 수 있다.

 다양한 공부 방법을 보여준 사례

다양한 매체는 공부의 흥미와 심화된 관심을 채워줬습니다. 1학년 때 공부하는 것이 재미가 없었고 성적이 잘 나오지 않아서 고민이었습니다. 생각을 해보니 딱딱하고 흡입력 없는 교과서라는 매체가 문제라고 생각했습니다. (…) 2학년 당시 배운 생1과목은 눈으로 볼 수 없는 내용이 많아 이해하기 어려웠고 암기도 잘 되지 않았습니다. 그래서 TED에서 찾은 모기 말라리아 방지 유전 계획과 SCIENCE지의 자세한 세포분열 시 일어나는 염색체의 행동변화를 참고하여 머릿속에 추상적으로 남아 있었던 내용을 구체적으로 떠올릴 수 있었습니다. (…) 더 자세하고 심층적인 자료가 필요했고, 평소에 영어로 공부하는 것을 편하게 생각하여 구글에서 crispr의 원리에 관한 harvard university에서 발표한 자료 등 전문적인 대학의 자료를 이용했습니다. 논문과 같은 심층적인 매체를 통해 이해의 넓이와 깊이를 늘릴 수 있었습니다. (…)

교과서보다 저와 잘 맞는 매체를 직접 찾아 활용하면 주도적으로 흥미롭게 학습을 이끌 수 있음을 배웠습니다. 이런 공부법을 통해 2년 간 생명과학 1,2에서 우수한 성적을 거둘 수 있었고 생생한 이미지를 이용한 공부 덕에 세포구조 모형 만들기 대회에서 수상했습니다.

[사례 7]은 많은 학생들이 쓰고 싶어 하는 '공부 과정과 성적 향상'이라는 소재의 우수한 사례다. 공부해서 성적이 올랐다는 소재 자체는 나쁘지 않지만 단순히 성실히 임했다는 뻔한 가치 외에는 평가자에게 어필할 수 없다는 것이 많은 학생이 안고 있는 문제다. 따라서 성실했기에 성적이 올랐다고 말할 것이 아니라, 자신이 적용해본 다양한 공부 방법들, 즉 NIE, 논문 읽기, 독서 등을 통해 성적을 올린 과정을 보여주면, 전공에 대한 관심 등 다양한 모습을 평가자에게 어필할 수 있다.

이외에도 문항 1번에 이용할 수 있는 소재가 많이 있겠지만, 독자들이 시행하기 좋은 방법을 위주로 소개했고, 나머지 다양한 소재는 〈파트 6 사례편〉을 참고하면 좋겠다. 1번을 작성할 때 앞에 소개한 사례들을 참고하면 성실성만 돋보이는 뻔한 서술에서 벗어날 수 있다.

02

2번 문항
이제는 그냥 '착한 얘기' 쓰면 망한다

다음 내용을 보고 자신이 쓰고자 하는 2번 유형이 있는지 체크해보자.

1. 멘토링 봉사 활동을 3번에 쓰려고 한다. 처음에는 멘티가 말을 듣지 않았지만 시간이 지나니 말을 들으며 '눈높이에 맞게 소통했다'는 내용을 쓸 예정이다.

2. 축구대회나 합창대회 혹은 반티 제작 과정을 쓰려고 한다. 주된 내용은 의견을 모으는 과정이나 연습 과정에서 갈등이 발생했고, 내가 그 갈등을 소통의 자세로 해결했다는 내용이다.

3. 학생회나 조별과제에서 갈등이 생긴 내용을 쓰려고 한다. 애들이 일을 하지 않는 바람에 프리라이딩 문제가 생겨 갈등이 있었지만 내가 솔선수범해서 해결했다는 내용이다.

4. 노인정, 양로원, 장애 시설에서의 봉사 내용을 쓰려고 한다. 처음에는 하기 싫었지만, 나중에는 봉사의 참의미를 깨닫고 자발적으로 봉사하게 됐다는 내용이다(학급의 장애인 친구를 도와줬다는 것도 비슷한 맥락).

만약에 위 네 가지 중에 자신이 쓰려고 하는 내용이 있다면, 지원하는 수험생 7만 명과 같은 소재로, 같은 플롯으로 자기소개서를 쓰고 있다고 생각하면 된다. 학생이 처음 써오는 자기소개서 2번을 보면 항상 저런 내용이 주를 이룬다. 왜 그럴까? 왜냐하면 배려, 갈등관리, 협력 등을 서술하고 싶은데 실제 삶에서 의미 있는 경험을 할 기회가 적기 때문에 그렇다. 자기소개서에는 대단해 보이고 착하게 보이도록 적기는 해야겠고, 식스센스급 '반전'도 찾다보니, 결국 생각할 수 있는 내용에 한계가 있어 다들 비슷한 내용으로 가득한 자소서를 쓰게 된다. 한 대학의 입학사정관은 "2번만 보면 우리나라는 인정이 넘치는 살기 좋은 나라다"라는 우스갯소리를 하기도 한다. 2번 문항, 그럼 어떻게 써야 할까?

2번 문항, 착한 일만 사례가 아니다

다른 수험생과 차별성 있는 2번을 쓰려면 우선 소재에 대한 관점을 넓혀야 한다. 2번은 착한 봉사활동만 쓰는 칸이 아니다. 갈등, 협력, 리더십 경험 등 주로 학업과 연관이 없는 인성 요소는 거의 대부분 2번의 사례가 될 수 있다. 실제로 저자는 2번에 자신의 '내적 갈등'을 내면적 갈등 관리의 사례로 서술해 합격한 학생도 봤고, 첫사랑에게 차인 사건을 계기로 자신을 변화시키려 노력했다는 사례도 봤다. 그만큼 2번에는 소재 제한이 없다. 다음 사례를 보자.

'재미'있는 기획은 풋살장의 불평등도 해결해 주었습니다. 저희 학교는 풋살장이 하나뿐이라 이기는 편이 계속 경기를 했고 지는 팀은 경기를 한두 판밖에 하지 못하고 밖에서 대기해야 했습니다. 저는 주로 이기는 편이었지만, 그날따라 경기에서 지고 밖에서 대기하다가 지는 팀의 고충을 느낄 수 있었습니다. 모두가 게임을 즐기고 있는 줄 알았지만 그것이 아니었습니다.

'어떻게 해야 모두가 참여할 수 있을까'라는 고민을 하다가 문뜩 요즘 인터넷에서 핫한 '리그오브레전드'라는 게임이 떠올랐습니다. 이 게임은 티어라는 것이 있어 상대팀과 우리 팀의 밸런스가 맞춰진 상태로 게임을 할 수 있는데 이것이 재미 요소였습니다. 그래서 저희 반을 A팀에서 E팀까지 총 5개 팀으로 나눈 후 승급전이라는 시스템을 통해 1군부터 5군까지 티어를 나누었습니다. 처음에는 잘하는 친구들이 밸런스를 맞추자는 아이디어에 반대했습니다.

(…) 저는 설득의 방향을 평등에서 재미로 바꾸었습니다. 친구에게 이길 게 뻔한 게임보다 비등비등한 게임이 더 재미있을 것이라고 설득했습니다. 실제로 균형이 맞도록 팀을 꾸려 경기를 해보니 골도 쉽게 들어가지 않고 반응도 좋았습니다. 덕분에 문제도 해결돼 풋살장에 평등이 찾아왔습니다.

작은 경험이지만, 경제학을 더 공부해 사람들이 구체적으로 어떻게 재미와 같은 '요인'에 반응하는지 배우고 싶어졌습니다. 또, '사람'에 관심을 가져야 좋은 상품을 기획하는 사람이 될 수 있음을 깨달았습니다. 그래서 지역별로 사람마다 어떻게 다른 기호를 가지고 있는지, 국가 별로 상품을 취급하는 정책은 어떻게 다른지 배우고 싶습니다. 그 결과로 마케팅과 국가 간 통상, 더불어 다양한 지역과 국가의 사람에 관심을 쏟으며 세계인에게 다가가는 콘텐츠를 만들겠다는 제 꿈을 시작해보고 싶습니다.

위의 [사례 8]은 갈등관리 사례를 서술한 것이다. 하지만 어디에도 '내가 착한 사람이다'라는 유의 서술은 없다. 그저 풋살을 좀 많이 해보고 싶던, 좀 더 재미있게 해보고 싶던 욕망만 좀 드러날 뿐이다. 하지만 이것 역시 갈등관리이며 또 협력을 이끌어낸 과정이고, 또 다른 관점에서는 나눔도 될 수 있다.

사례 9 고등학교에 입학하고 얼마 지나지 않아 STEAM이라는 대회가 열렸습니다. STEAM 대회는 과학, 기술, 공학, 예술, 수학을 융합한 활동을 구성해 중학교에서 수업할 팀을 뽑는 대회인데 재능 기부 창의성 캠프의 일환입니다. 처음 접해보는 것이라 낯설었지만 여러 과목을 융합한다는 것에 흥미가 생겨 친구와 출전해보기로 했습니다. 중학교 친구에게 수업하는 것이기에 너무 깊은 내용이 아니면서도 재미있게 진행할 수 있는 활동을 구성해야겠다는 생각이 들었습니다. STEAM 활동이 익숙하지 않은 분야라 먼저 선행 연구들을 찾아보았습니다. 그중 탱탱볼 만들기가 눈에 들어왔습니다. 직접 재료를 가지고 해보니 그렇게 어렵지 않고 간단했지만 소요시간이 짧아 수업으로 하기에 뭔가 부족했습니다. 조원들과 더 주제를 찾아보기로 하고 집으로 가던 중 우연히 탱탱볼로 스마트폰 터치가 되는 것을 발견했습니다. 정말 신기해 탱탱볼을 터치펜으로 사용하면서 다녔습니다. 탱탱볼이 고무와 같은 성질이어서 전기가 통하지 않을 것이라 생각했기에 어떤 원리인지 궁금하기도 했습니다. 탱탱볼로 터치하는 모습을 친구들에게 보여주자 정말 신기해했습니다. 고등학생이 놀랄 정도면 중학생 친구도 충분히 호기심을 갖고 참여할 것이라는 생각이 들었습니다. 회의한 결과 플라스틱 계란 판으로 꽃을 만드는 활동을 추가해 '나만의 터치펜 만들기' 수업을 구성했습니다. 이후 대회에서 선생님과 친구들에게 좋은 호응을 얻었고 재능 기부 창의성 캠프에 선발돼 수업을 진행했습니다. STEAM 대회를 준비하며, 어떤 활동을 구상할 때 대상을 고려해 기획하는 능력을 기를 수 있었습니다. 또한 세상의 모든 것이 꼭 그 용도로만 사용되는 것이 아니라 새로운 분야와 예상치 못한 곳에서 사용될 수 있다는 창의적인 발상법을 배웠습니다.

[사례 9]에서는 재능기부라는 '나눔'을 소재로 하고 있지만 주된 주제는 나눔이 아니다. 오히려 인성 영역보다 동일한 소재로 다른 문항에서 보여주지 못한 창의성이라는 가치를 보여주는 데에 초점을 맞추고 있다.

사례 10 마을 분들이 마을을 홍보할 수 있는 지도를 만들어달라고 부탁하셨습니다. 저는 마을을 돌아다니며 특징적인 사물을 관찰했고 면사무소에 방문해 실제 지도를 얻었습니다. (…) 이장님이 말씀해주신 마을의 역사를 듣고 지도에서 부각해야 할 것들을 표시하면서 지도를 그렸고 어르신들도 쉽게 볼 수 있도록 큰 글씨를 사용했습니다. 농촌봉사 활동을 떠나기 전 폐교가 된 학교가 있다는 말을 듣고, 조를 나눠 벽화를 그리기로 결정했습니다. 폐교란 말을 들으면 부정적인 이미지가 떠오르기 때문에 분위기를 화사하게 바꾸려고 고민을 많이 했습니다. (…) 실제 그림은 편안한 느낌을 주고자 밝은 톤의 노란색, 분홍색, 하늘색을 이용했고 복잡한 그림보다 누구나 알아볼 수 있는 간단한 패턴 형식의 그림을 그렸습니다. 그러자 기대한 대로 폐교의 분위기가 밝아졌습니다. 제 능력이 다른 곳에 쓰이고 그 결과가 남들에게 기쁨이 되는 모습을 보며 자존감도 올라가고 성취감도 있었습니다.

[사례 10]도 마찬가지다. 벽화와 약도를 그리는 봉사를 언급하고 있지만, 그 초점은 나눔이 아니라 자신의 창의성, 그 속에서 발휘한 미적인 감각이었다.

기존에는 일반 봉사 사례라도 자세하게만 쓰면 괜찮다고 학생들에게 지도하기도 했다. 1번과 2번 문항이 나뉘어 있을 때는 글자 수도 많았고, 쓸 수 있는 활동 개수도 많아서 3번에 중요한 활동을 쓰기가 현실적으로 어려웠다. 의미 있는 활동의 수는 한정돼 있으니까 말이다. 그러나 이제는 1번, 2번 문항이 통합됐고 글자 수도 줄었기 때문에 착한 얘기만 하다가 자소서를 끝낼 수 없는 상황이 됐다.

꼭 대단한 얘길 쓰지 않아도
'협력'한 활동이라면 모두 괜찮다

사례 11 '모든 걸 다 잘하지 않아도 된다. 잘하는 사람을 곁에 두라'는 말의 의미를 협력을 통해 깨달았습니다. 3학년 때에도 사회적 문제에 지속적인 관심을 갖고자 친구들과 적은 시간을 들여서라도 할 수 있는 시사 자율동아리를 만들었습니다.

초기에는 본인이 관심 있는 주제만 스크랩해서 서로 의견을 나누는 방식을 채택해서 진행했는데, 어차피 서로 발표를 하는 시간이 정해져 있다면 오히려 하나의 주제를 정해놓고 다양한 관점에서 의견을 나누는 방식이 더 낫겠다는 생각이 들어 친구들과 함께 토의해 동아리 시스템을 바꿨습니다. 시스템을 바꾼 이후 친구들과 함께 '트럼프의 장벽건설'을 주제로 삼아 서로 기사를 스크랩했는데, 우리나라나 미국뿐 아니라 다른 나라는 이 사건에 대해 어떻게 생각하고, 어떤 관점에서 바라보는지 궁금했습니다. 그런데 번역기를 통해 불어를 번역해 보니 조금 어색했기에, 친구 중에 프랑스에서 살다 온 친구, 일본에서 살다 온 친구를 동아리에 영입해 동아리 활동 과정에서 한국어와 영어가 아닌 기사를 번역해 달라고 설득했습니다. (…)

제2외국어에 능숙한 친구들을 동아리에 영입하는 과정에서 단순히 정이나 친분이 아니라 모두가 win-win하는 상황을 만드는 것이 가장 확실한 협력의 동기가 됨을 배웠고, 협력을 잘 이끌어내는 능력만 갖춘다면 나에게 모든 능력이 다 있지 않아도 모든 능력을 활용할 수 있는 사람이 됨을 배웠습니다.

[사례 11]은 그냥 인성 관련 내용이라기보다 활동 서술에 가깝지만 이런 활동도 당연히 2번에 들어갈 수 있는 내용이다. 하지만 내용을 풀어가는 방향에 따라 협력이나 공동체에서 내가 리더로서 기여하는 경험으로 해석할 수 있다. 다시 한번 말하지만 소재에 제한을 두지 말고, 활동을 하나라도 더 보여줄 수 있는 창구로써 문항에 접근하자.

03

3번 문항

대학에서 원하는 것을 써주자

3번 문항은 대학별로 자율적으로 운영된다. 그래서 각각 문항도 다르고 매년 조금씩 바뀌고는 한다. 하지만 다르다 하더라도 대체로 5가지 유형 정도로 요약해서 생각해볼 수 있다.

유형 1_ 입학을 위해 기울인 노력
유형 2_ 입학 후 본인의 계획
유형 3_ 성장환경 등이 미친 영향
유형 4_ 선발해야 하는 이유 "○○대가 지원자를 선발해야 하는 이유"
유형 5_ 독서

1번 유형과 2번 유형은 같다고 생각하면 된다. 대학 대부분이 1번 유형이나 2번 유형을 포함한 3번 문항을 제출하고 있다. 흔히 2번 유형처럼 입학

후의 계획을 쓰라고 하면 정말로 계획만 쓰는 경우가 많은데, 〈파트 4 기술편〉에서 밝혔듯이 계획만 장황하게 늘어놓아봐야 아무런 소용이 없다. 계획만으로는 지원자의 역량을 판단할 수 없기 때문이다. 따라서 2번 유형은 1번 유형과 마찬가지로 항상 노력 과정을 써준 뒤에, 이런 노력을 더 발전시켜 대학에서도 이런 노력을 이어가고 싶다는 식의 서술이 가장 바람직하다. 1번 유형도 노력 자체만 많이 보여주기보다는 노력을 했음에도 불구하고 부족했던 부분을 찾고, 그런 부분을 대학에 가서 어떻게 발전시키고 싶은지 써야 한다. 아래 [사례 12]는 이전에 한 노력이 어떻게 앞으로의 계획으로 이어지는지 잘 서술한 사례다.

사례 12 (실험 활동에 대한 구체적인 소개) 이 실험에서 왜 모든 과학 탐구에서 변인통제의 중요성을 강조하는지 알았고, 이후 실험을 구상할 때, 우선적으로 지키려 노력했습니다.

연세대학교가 미래융합연구원을 구축하고, 융합사이언스 파크 설립을 추진하는 등 다양한 학문 간 교류를 장려하고 있다는 사실을 접했습니다. 학문이 융합해 전례 없는 새로운 탐구 분야가 등장할 미래를 정확히 내다보고 투자를 아끼지 않는 연세대학교야말로 제 진로 방향을 고려할 때 최고의 대학이라고 생각합니다. 이것이 '연세대학교 화학과'에 지원한 이유입니다.

3번 유형은 환경을 써달라는 이야기다. 중앙대나 경희대, 연세대에서 이런 문항을 제시한다. 이 문항에서 많은 학생이 자신의 가정사를 이야기한다. 가정사가 없는 친구는 대체 무엇을 써야 하는지 모르겠다고 말하기도 하는데, 우선 왜 대학에서 환경을 써달라고 하는지를 이해해야 한다. 대학이 환경을 써달라고 하는 이유는 '출발선'이 다름을 고려해주기 위함이다. 하루에 5시간씩 알바하며 공부한 학생 A가 맞은 90점과 돈 걱정 없이 사교육을 받은 학생 B가 맞은 90점은 서로 다른 것이고, 전자를 더 값지게 평가하는 것이 바람직하다. 따라서 환경을 서술해달라고 말하는 문항을 마주하면, '자신이 불리했던 점'을 쓰는 것이 유리하다. 만약 공부 환경에 아무런 불리한 점이 없는 사람이라면, 환경은 언급하지 않거나, '주어진 좋은 환경에 만족하지 않고, 스스로 더 발전하고자 노력한 점'을 보여주는 편이 좋을 듯하다. 아래는 불리한 환경에 대해 서술한 것이다.

> **사례 13** 일반고에서 패션 진로를 선택하려 하니 가장 갖추기 힘든 능력이 미적 감각이었지만, 미술 시간에 활발하게 참여하고, 과학 수업 시간에 포스터를 그리고, 패션 일러스트레이션을 그리는 동아리 활동을 주도적으로 만들고, 무엇보다 예산을 확보해 패션쇼를 여는 등 예술고 학생 못지않게 진로에 필요한 미적 감각을 유지하고 발전시키려고 노력했습니다. 저의 미적 감각을 향상시킴은 물론, 후에 패션 쪽 진로를 희망하는 후배가 생긴다면 활동할 수 있는 틀과 길을 새로 개척한 경험이었습니다. 패션회사를 방문하고, 동아리에서 패션쇼를 개최하면서, 패션 관련 진로를 더 깊이 이해했고, 제 재능과 흥미가 디자

인뿐 아니라, 기획, 마케팅, 유통 등 산업 분야에도 있음을 알았습니다.

다른 사람들이 제 동아리를 '회사'로 여길 만큼, 주어진 환경을 변화시키며 패션 관련 진로를 향해 노력해왔습니다. 패션 종사자가 되는 데 필요한 다양성이 있는 연세대학교라는 환경이 제게 주어진다면 이런 적극성을 바탕으로 역사부터 마케팅, 의류제작, 과학섬유, 패션경영에 이르기까지 배우고 연구해 한국의 미를 접목시킨 패션전문가가 되고자 노력할 것이고, 제가 배운 다양성을 가지고 학우의 성장에 기여하고 싶습니다.

4번 유형은 소수 대학에서 포함하는 내용이다. 많은 학생이 이 문항과 '내가 대학에 가고 싶은 이유'를 헷갈려 한다. 하지만 문항을 명확히 읽어보면, 내가 대학에 가고 싶은 이유가 아니라 '대학이' 나를 선발해야 하는 이유를 쓰라는 것이다. 대학이 반드시 나를 선발해야 하는 이유를 내 안에서 찾아야 한다. 질문을 좀 더 쉽게 바꾸어 보면, "너는 어떤 장점이 혹은 능력이 있기에 우리 대학에 뽑힐 만하다고 생각하니?"라고 묻는 것과 같다. 따라서 이런 문항은 1번과 2번처럼 자신의 노력을 쭉 써주되, 왜 이 대학에 들어갈 만한 노력인지, 그런 노력으로 대학에서 원하는 어떤 능력을 길렀는지 등을 함께 써주는 것이 좋다. [사례 14]는 참고하기 좋은 사례다.

사례 14 저는 이렇게 의류를 비롯한 가정현상에 꾸준히 관심을 갖고, 학습자인 후배들이 공부할 수 있는 환경을 만들며 3년의 고교생활을 보냈습니다. 또 과학적 탐구력을 바탕으로 이런 가정현상을 분석해 우수한 평가를 받기도 했기에 ○○대 가정교육과에 적합한 인재라고 생각합니다. ○○대 가정교육과에 입학한다면 저의 적극성과 융합적 탐구력을 바탕으로, 기초부터 탄탄한 패션 전문가가 되는 첫 걸음을 떼고 싶습니다.

유형 5는 유일하게 서울대에서 채택하고 있는 문항이다. 책 내용을 요약하거나 단순히 책을 소개하기보다 책을 통해 내 행동이나 활동이 변화한 점 혹은 가치관이 변화한 점을 구체적으로 서술해주는 것이 중요하다. [사례 15]는 서울대 합격생의 자기소개서 일부인데 책을 통해 자신이 변화한 점을 구체적으로 잘 보여주고 있다. 책을 선정하는 자세한 방법과, 독서 문항이 아니어도 책을 서술하는 방법은 이번 파트의 'PLUS'에서 더 구체적으로 설명하겠다.

 『엔트로피』(제레미 리프킨)

『행복한 사회는 누가 만들까』를 읽고 시작된 행복한 사회에 대한 고민은 『엔트로피』에서 끝을 맺었습니다. 1학년 때 읽은 『행복한 사회는 누가 만들까』는 제게 과학자로서 어떻게 하면 사회를 행복하게 만들지에 대한 질문을 던졌습니다. 그 후 교과 시간에 공부한 과학은 사회와 무관한 지식 같아 보였습니다. 그러던 중 알게 된 『엔트로피』는 과학적 개념인 엔트로피를 경제학에 적용해, 기술 진보로 에너지 효율이 증가하는 것이 아니라 무용한 에너지의 증가폭을 더 늘리는 것일 뿐이라는 관점을 알려주었습니다. 과학이 곧바로 환경 보호나 경제 정책과 같은 사회적, 윤리적 당위를 설명하는 데에 쓰일 수 있다는 것을 깨달았습니다. 교과 시간에 배운 과학적 지식과 앞으로 연구원으로서 발견할 과학적 지식이 현대사회의 문제를 해결하는 데 쓰일 수 있다는 것을 알았고, 자연 현상으로 사회 현상을 기술하는 책을 보니 과학자는 사회와 동떨어진 과학적 과제만 해결하는 사람이 아니라는 생각이 들었습니다.

좋은 독서의 기준

———

"독서한 책 중에 어떻게 3권을 선정하죠?"

"독서를 했는데 어디에다 쓸지 모르겠어요."

서울대를 지원하는 학생들은 자기소개서 3번에 어떤 책을 선정해서 써야 할지가 고민일 것이고, 서울대를 지원하지 않는 학생들은 독서를 하긴 했지만 어디에 그 내용을 써야 할지를 몰라서 고민이다. 그래서 우선 '쓸 만한' 독서가 무엇이고, 독서 문항이 없다면 어디에 독서 내용을 담아야 할지 알아보도록 하겠다.

좋은 독서의 조건

1 독서가 어떤 활동의 계기가 됐다.

2 공부(활동)를 하다가 모르는 것을 해결하려고 독서를 했다.

3 독서 방법이 특이했다.

4 독서에서 확실히 느낀 점이 있거나 가치관이 뚜렷하게 변했다.

우선 독서가 활동의 계기가 됐다면 매우 훌륭하다. 서울대는 『식물공장』 이라는 책을 읽고 이에 영향 받아 실험이 이루어졌다면, 서술을 3번에서 보고 싶어 한다. 책을 도구로 삼아 지적 호기심이 확장되는 과정을 보여주고 있기 때문이다. 서울대 지원자가 아니라도 실험이나 보고서 활동을 소개할 때, 책을 언급해주는 것이 좋다.

둘째로 공부나 활동 과정에서 책을 활용하는 경우가 있다. 예를 들어서, 서울대는 화학2 공부를 하다가 오비탈에 흥미가 생겨서 VSEPR 이론에 대한 책을 읽는 과정을 3번에 써줄 것을 권장한다. 서울대가 아니더라도 이런 과정은 1번에 쓰기 정말로 좋은 소재다.

셋째로 독서 방법이 특이한 경우다. 필자가 지도한 학생 중에 독서를 제대로 하고자 『독서의 기술』이라는 책을 읽은 학생도 있었다. '독서를 하려고 독서 방법에 대한 책을 읽은 것이 자신의 독서 방법'이라며 3번에 담았다. 어려운 책을 읽고 싶어서 관계된 쉬운 해설서를 몇 권 읽은 경우도 쉬운 책부터 접근하는 것이 자신의 독서법이라며 3번에 담았다. 서울대 지원자가 아니더라도 하나의 책을 정복하는 과정을 1번 문항에 서술할 수 있다.

마지막으로 책을 통해 가치관이 변화된 경우나 직업에 대한 고찰이 성숙한 경우다. 『청년의사 장기려』라는 책을 읽고 의사로서의 소명을 느꼈다면, 서울대 3번에 가치관 변화를 명확히 담아 쓰는 것이 좋다. 서울대 지원자가 아니더라도 책을 읽고 가치관의 변화가 있었다면 각 대학 3번 문항 중 진로를 향한 노력이나 꿈 부분에 서술할 수 있다.

어떤 유형의 독서를 했는지, 어떻게 이 독서를 자기소개서에 잘 담아낼지 고민하다 보면 면접장에서 의미 있게 자신을 보여주는 질문을 받는 긍정적 효과도 노릴 수 있다.

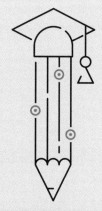

대치동 입시컨설턴트가 알려주는
2022, 2023 자소서 작성비법

● ● ●

2021년 현 고3, 고2에게 적용되는
대입자기소개서 양식에 맞추었다!

PART 4

작은 활동도 돋보이게 하는
자소서 작성기술

"

고등학교 3년을 다니면서 학생들이 경험할 수 있는 활동은 아주 예외적인 학생을 제외하고는 대부분 동일하다. 많은 학생들이 자신의 경험을 풀어내는 도구로 동아리를 활용하는데, 동아리에서 하는 활동도 대부분 비슷하다. 심지어는 이름도 비슷한 경우가 많다. 봉사도 마찬가지다. 멘토링, 양로원, 다문화가정, 쓰레기 줍기, 하천 정화 활동 등 자세한 내용은 다르지만, 사실 그 내용이 특별하다기보다 시키는 일을 열심히 수행한 수동적인 경험들이다.

자소서 작성에서 중요한 것은 이런 뻔하고, 흔한 활동들 속에서 내 모습을 어떻게 두드러지도록 부각하고, 또 평가자가 보고 싶은 나의 모습을 어떻게 드러낼 수 있는가 하는 것이다. 이미 활동은 끝났고, 문항에 어떤 내용을 써야 할지는 알았다. 이제 그 내용들을 어떻게 써야 더 돋보이고, 더 나를 뽑고 싶게끔 만들 수 있는지 알아보자.

"

01

글의 종류 알기
자소서는 설명문이 아니라 광고문이다

자기소개서는 어떤 종류의 글일까?

쓰는 글의 종류가 무엇인지는 작문 시간이나 국어 시간에 집중해서 들은 사람이라면 누구나 안다. 글을 쓰기 전에 가장 먼저 던져야 하는, 가장 핵심이 되는 세 가지 질문은 다음과 같다.

> 첫째, 쓰고자 하는 글의 종류는?
> 둘째, 쓰고자 하는 글의 주제는?
> 셋째, 쓰고자 하는 글의 독자는?

둘째 질문에 대한 답은 매우 명확하다. 자기소개서의 주제와 소재는 당연히 '나' 또는 '나의 삶'이다. 셋째 질문에 대한 답은 당연히 대학의 교수나 입학사정관이다. 그런데 첫째 질문에 대한 답은 의견이 분분하다. 대체로 의견을 모아보면 설명문이라는 답변이 가장 많다. 간혹 논설문이라는 주장도 있다.

설명문은 사실적인 정보 전달을 목적으로 하는 글이다. 얼핏 자기소개서가 이 갈래라고 이야기해도 무리가 없어 보인다. 그러나 자기소개서는 설명이 주목적이 아니다. 귀한 시간을 아껴서 대학에 내가 누군지 설명하려고 글을 써야 하는가? 정확히 말하면 자기소개서는 '선택받기 위해' 쓴다. 그래서 설명문은 아니다. 자기소개서는 정보를 전달하지만 그 자체가 목적은 아니다.

자기소개서가 논설문이라는 주장은 얼핏 설득력이 있다. 그러나 논설문은 의견이 다른 상대를 논리적으로 '설득'하는 글이다. 그러나 우리는 자기소개서를 누군가의 생각을 바꾸려고 쓰지는 않는다. 정답은 설명문과 논설문의 중간이다. 설명문보다는 좀 더 적극적이고 행동을 이끄는 글이어야 하지만, 논설문보다는 조금 온건한 글이다. 정확히 말하자면 대학을 하나의 '소비자'로, 여러분을 '상품'으로 보았을 때, 자기소개서는 한 편의 광고문이라고 할 수 있다.

광고문이건 설명문이건 자기소개서가 어떤 종류의 글인지를 아는 것이 왜 중요하냐고 물을 수도 있겠다. 그 이유를 음료수 광고를 예로 들어 설명하겠다.

사례 1

❶ 이 음료에는 폴리덱스트로스(식이섬유), 산도조절제, 합성착향료, 비타민C, 감귤추출물 등이 들어 있어요. 총 20칼로리인데 맛도 아주 좋습니다.

❷ 이 음료에는 산도조절제가 들어 있고, 합성착향료가 들어 있어요. 이 두 물질은 인체에 무해하고 안정적입니다.

❸ 이 음료에는 당근 200그램만큼의 식이섬유가 들어 있어서 당신의 장 건강에 도움을 줍니다. 게다가 비타민까지 있는데 칼로리는 무척이나 낮아요.

만약 여러분이 음료 회사 사장이라면 어떤 광고 문구를 채택할까? 당연히 ❸번일 것이다. 까닭은 소비자들이 음료를 사 먹고 싶다는 생각을 가장 많이 할 것이기 때문이다. ❶번은 전형적인 설명문이고, ❷번과 ❸번은 광고문에 가깝다. 광고와 설명은 사실을 바탕으로 한다는 공통점이 있다. ❶번, ❷번, ❸번은 모두 사실을 바탕으로 한다.

설명이 광고가 될 수 없는 가장 큰 이유는, 소비자가 단순한 사실이 아니라 '자신에게 유익한 사실'에 반응하기 때문이다. 좀 더 쉽게 말하면 소비자가 어떤 물건을 살지 판단하는 기준은, 어떤 제품인지, 얼마나 훌륭한지가 아니라 '이 제품을 사용하면 내게 어떤 일이 벌어지는지', '나한테 뭐가 좋은지'다.

❶번은 음료에 포함된 성분을 그대로 보여준다. 성분들이 나에게 어떤 영향을 끼칠지 가르쳐주지 않으면 어떤 소비자도 음료에 눈길을 주지 않을 것이다. ❷번과 ❸번은 각 성분이 소비자에게 미칠 영향을 설명하는 점에서 한층 더 광고의 성격을 띤다. 그러나 ❷번은 ❸번과 비교하면 당신에게 벌어질 일들이 형편없기 때문에 광고 회사 사장의 선택을 받지 못할 것이다. 다시

말해 효과가 보잘것없어 보이기 때문이다.

자신이 추구하는 가치가 얼마나 중요한지 알려라

자기소개서도 마찬가지다. 자기소개서를 읽는 입학사정관은 지원자가 뭘 했는지, 어떤 경험을 했는지 전혀 궁금하지 않다. 왜냐하면 학생부라고 불리는 성분 분석표에 여러분이 어떤 활동을 했는지, 내신은 어떤지, 출결은 어떤지 다 적혀 있기 때문이다. 대학이 궁금해하는 것은 '당신이 우리 학교에 어떤 도움을 주는지'다. 이 질문을 두 가지로 쪼개 생각해볼 수 있다.

> 첫째, 네가 한 활동이 네게 어떤 능력을 길러주었니?
> = 수학 능력 혹은 문제 해결력을 갖췄는가?
> 둘째, 그런 능력을 지닌 네가 이 학교에 오면 뭐가 좋니?
> = 학교의 인재상에 맞는가?

앞에서 자기소개서를 쓰는 과정을 이야기하면서 '가치'의 중요성을 이야기했다. 그런데도 많은 학생이 자기소개서를 쓰라고 하면 열심히 설명문을 써 온다. 개념을 이해했으니 문화콘텐츠학과를 가고 싶은 학생의 사례로 넘어가보자.

사례 2 저는 학생회에서 홍보팀을 맡았습니다. 학교 축제가 시작되기 전 프로그램을 홍보할 홍보물 부착 장소를 찾고자 반마다 돌면서 설문 조사를 했습니다. 이 설문을 통해 학생들이 학교 운동장, 식수대 등에 많이 머문다는 사실을 알아냈고, 이 구역들을 중심으로 홍보물 설치를 결정했습니다. 그리고 각 장소의 특성을 살린 홍보물을 제작하였습니다.

제작과 장소 설정을 마치고, 다음날 홍보물을 붙이니 아이들이 많은 관심을 보였고, 행사 당일 많은 아이들이 몰렸으며 선생님들께서도 인상 깊었다며 칭찬을 해주셨습니다. 대상을 알아야 매력적인 홍보물이 나온다는 사실을 알게 되었습니다.

사례 3 ❶ 저는 콘텐츠를 만들어 사람들을 유도하는 것을 직접 해보고 싶었고, 그 마음으로 학교행사 홍보팀에 참여했습니다. 성공적인 홍보를 위해 아이들과 '어떤 홍보물이 사람들을 사로잡을까'를 상의했고, 그 끝에 답으로 찾은 것은 ❷ '대상을 알라'는 것이었습니다. 학교 학생들을 대상으로 '교실 이외에 자주 머무는 장소는?' 등의 ❸ 질문지를 만든 후 점심시간을 활용해 교실을 돌며 조사했습니다. '학교 독서실'과 '운동장'에 자주 머문다는 결과를 통해, 운동장에 홍보물을 어떻게 설치해야 할지 생각하다가 곧 식수대를 떠올렸습니다. ❹ 그리하여 교실과 식수대에는 인상에 남도록 궁금증을 유발하는 간결한 단어로 된 홍보물을 붙여 학교 독서실 앞으로 오게 만들었고, 행사의 특성을 담은 상세 정보는 학교 독서실 앞에 붙였습니다.

행사 당일 많은 아이들이 몰리고 선생님들께서도 인상 깊었다며 칭찬을 해주셨습니다. 대상을 알아야 매력적인 홍보물이 나온다는 것을 알게 되었습니다. 이는 앞으로 관광객을 유도하는 ❺ 콘텐츠를 만들 때 도움이 될 값진 경험이라고 생각합니다.

대부분 학생들이 [사례 2]와 같은 자기소개서를 써 온다. [사례 2]에는 활동만 있고 본인의 모습이나 능력, 왜 본인을 뽑는 게 대학에 이점인지가 없다. 그냥 자신의 활동을 '설명'한다. 이런 자기소개서를 첨삭하면 [사례 3]이 된다. [사례 3]에는 본인의 능력이 나타난다.

구체적으로 설명하면 ❶에 지원자가 활동하게 된 계기가 나타나 평가자는 '아! 얘는 콘텐츠에 대한 관심이 많구나'라는 사실을 알 수 있다. ❷, ❸, ❹에서 콘텐츠를 만드는 과정이 나타나고 이를 통해 평가자는 '얘는 콘텐츠를 좀 아는 학생이구나, 얘는 이쪽에 대한 공부를 했구나, 관심이 있다는 게 가짜가 아니구나'라는 생각을 한다. 마지막으로 ❺에서 경험이 있으니 '콘텐츠 학과에 들어와서도 공부를 잘하겠구나'와 같은 인상을 준다.

'활동'은 거들 뿐이다. 자기소개서를 쓰는 과정에서 우리가 가장 중요하게 고려해야 할 점은 '어떤 의미를 담을까', '어떤 가치를 담을까'라는 것을 잊어서는 안 된다. 그리고 각 가치와 의미에 맞는 활동을 골라서 담아야 한다. 우리는 활동을 통해 내게 어떤 능력이 있는지를, 내가 왜 대학에 가서 잘할 수 있는지를, 내가 왜 이 대학의 인재상에 맞는지를 입학사정관에게 보여줘야 한다.

02

첫 문장 쓰기
첫 문장에서 자신의 가치를 확실히 어필하라

지금껏 우리는 특정한 의도를 담아 자기소개서를 쓰는 방법을 배웠다. 정확히 말하면 내가 대학에 가서 공부할 능력과 가치를 가진 사람이라는 것을 알아달라는 의도를 담는 방법을 배웠다. 그런데 입학사정관이 내 의도를 확실히 알 것이라는 보장은 없다. 따라서 입학사정관이 오해하지 않고 글을 이해하도록 앞서 예로 든 사례처럼 읽는 '방법'을 제시해줄 필요가 있다. 다시 말해 가장 첫 문장에 앞으로 입학사정관이 어떻게 이 글을 읽어나갔으면 좋겠는지에 대한 팁을 주어야 한다.

자기소개서의 어떤 문항이든지 간에 전달하려는 이야기는 간단하다. '내가 대학에 갈 자격과 가치가 있다는 것'이다. 우리는 지금까지 그 가치와 자격을 몇 가지로 나누어 각 문항에 배치하는 방법을 배웠다.

사례 4 저는 우직하고 무엇 하나를 시작하면 쉽게 포기하지 않는 끈기 있는 성격을 지니고 있습니다. 이런 제 습관은 제가 생활하는 데뿐만 아니라 공부를 해나가는 면에도 배어 있습니다.

첫 문장이 중요하다고 해서 [사례 4]처럼 '우직하다', '리더십이 있다', '창의력이 있다', '나눌 줄 안다'와 같은 너무 노골적인 표현을 쓰면 자칫 평가자의 권리를 침해하는 월권처럼 보일 수도 있다. 또 '리더십'이나 '창의력'과 같이 추상적인 단어는 이를 수없이 접하는 입학사정관에게는 굉장히 진부한 표현이다. 따라서 주목을 끌지 못할 뿐만 아니라 지루할 수도 있다.

그러니 조금 '덜 노골적이면서, 참신한' 첫 문장을 구성하는 방법을 생각해봐야 한다. 그중에서 가장 먼저 살펴볼 방법은 '키워드'다. [사례 5]를 살펴보자.

사례 5 제 별명은 '곰'입니다. 행동이 민첩하지 못해 생긴 별명이지만 책상에 서너 시간 앉아 공부한다든가 결정하면 꾸준히 밀고 나가는 저를 보곤 선생님과 부모님께서는 정말 '곰' 같다고 말씀하셨습니다.

'우직하다'는 성격이나 특성, 가치 등을 노골적으로 제시하기보다 곰이라는 표현을 통해 우회적으로 전달하였다. 또 이런 별명을 남이 붙여주었다는 서술에서 자신의 생각이 아니라 남들이 자신을 보는 관점임을 밝혔다. 이는 특성에 객관성을 더할 뿐만 아니라 직접적인 서술이 주는 거부감을 줄인다.

이렇듯 '곰'이라는 별명과 그 설명으로 '우직함'이나 '끈기'와 같은 가치가 뒤에 이어질 것임을 전달할 수 있었다.

항상 배의 앞에 있고 가장 먼저 보이는 부분, 전 동아리의 뱃머리였습니다. 밖으로는 연계 동아리 ' So通 ' 한영고 대표 발표자, '청소년 경제 체험 대회' 대표 발표자 등 늘 동아리를 소개하고 낯선 사람 앞에 서는 역할을 맡았고, 안으로는 '스마트 소비' 캠페인, '하이유 프로젝트', 기업 체험 활동 'CELL' 등을 기획하고 동료들과 추진하는 역할을 맡았기 때문입니다.

별명이 아니더라도 첫 문장에서 타당한 설명을 제시한다면 충분히 원하는 목적을 달성할 수 있다. '뱃머리'라는 비유는 리더십, 추진력 등의 가치를 이야기하려는 의도를 충분히 드러냈다.

'준큐'는 저를 부르는 또 다른 이름입니다. '준큐'는 친구들이 '일상이 경제인 사람'이라며 맨큐를 따서 붙인 별명입니다. 담임선생님의 추천으로 우연히 들어온 시사 경제 동아리에서 처음 경제를 접했습니다. 동아리에서는 체험을 통해 경제를 직접 접할 수 있게 해주었습니다.

비유 대신 아예 새로운 별명을 만들어 넣는 것도 좋다. [사례 7]은 필자가 대학에 지원할 때 실제로 작성한 자기소개서 일부다. 당시 K대에 진학하느라 이 자기소개서를 쓴 대학에는 등록하지 않았다. 그런데 이 자기소개서를 읽은 대학의 입학사정관이 다음 해에 있었던 설명회 장소에서 고3 당시 담임선생님께 "준큐는 우리 학교는 안 오고 잘 지내느냐"고 안부를 물었다고 한다.

이처럼 잘 지은 별명은 입학사정관의 머릿속에 박히고, 심지어는 1년이 지나도 기억에 남길 수 있다. '준큐'라는 별명과 그 설명을 보면 뒤에 이어질 내용이 '경제에 대한 열정, 관심, 학업 능력' 등이라고 충분히 예측할 수 있다.

거듭 강조하지만 첫 문장은 입학사정관을 지원자의 의도대로 글을 읽을 수 있도록 유도한다는 측면에서 매우 중요하다. 앞 장에서도 말했지만 의도대로 글을 읽도록 해야 입학사정관에게 강렬한 인상을 남길 수 있다. 좋은 첫 문장은 평가자의 머릿속에 당신을 1년 동안 박히게 만드는 힘이 있다. 좋은 첫 문장을 쓰기 위해 이렇게 스스로에게 물어보자.

첫째, 첫 문장이 뒤에서 보여줄 특성을 충분히 반영하는가?
둘째, 너무 노골적이거나 진부하지는 않는가?

03

본론 구성하기
능력을 어필하는 최적의 3단 구성

| 질문 1 | '꽃사슴'을 열 번 큰 소리 내서 읽어라.
　　　　→ 산타가 크리스마스에 타는 것은? (1초 내로 답변)

　어렸을 때 정말 많이 하던 장난이다. 꽃사슴을 열 번 말하게 한 다음 산타가 타는 게 뭐냐고 물어보면 사람들이 대부분 '루돌프'라고 대답한다. 하지만 산타는 루돌프를 타지 않는다. 산타는 썰매를 타고 루돌프는 그 썰매를 끌 뿐이다. 뻔히 알면서도 오답을 말하는 건 인간의 직관 때문이다. 인공지능이라면 꽃사슴을 100번 말하게 한 다음 물어도 썰매라고 대답할 것이다. 하지만 인간은 처음에 제공된 정보에 영향받아 다음에 추론 과정에서 다른 정보를 배제한다. 그만큼 강력한 힘을 발휘한다.

　우리나라에서 입학사정관 교육이 가장 잘돼 있고, 학생부종합전형 평가가 잘 이루어진다고 공언할 만한 서울대학교의 입학사정관 숫자는 2015년 기준 26명이다. 일반전형과 지역균형선발전형의 지원자 수는 적게 잡아도 약 1만 6000명 정도다. 1만 6000명 나누기 26을 하면 입학사정관 1명당 지원자 수는 약 695명 정도다(학과마다 입학사정관이 배정되므로 정확한 수치는 아니다). 서울대학교는 보통 사정 기간이 접수 마감일로부터 45일 정도다. 45일을 24시간 일하지는 않을 테니, 주 5일 근무에 12시간(살인적인 노동 강도다!)을 일한다고 가정하면 총 480시간 정도가 평가 시간이다. 지원자 1명당 평가 시간은 대략 41분 정도인 셈이다.

학교별로 입학사정관 숫자도 차이가 나니 1명당 평가 시간이 30분도 채안 되는 곳도 있다. '학생부+자기소개서'를 약 40분 안에 보고 평가하는 것이다. 단순히 읽는 것만으로도 상당한 시간이 걸릴 텐데, 그 시간 동안 독해는 물론 평가도 해야 하며, 그 타당한 이유를 사정 자료로 남겨 공정성을 확보해야 한다.

따라서 입학사정관은 컴퓨터가 아니다. 논리성보다 직관에 의존해 학생의 모습을 머릿속에 그려본다. 따라서 꽃사슴을 열 번 읽게 하듯이 우리가 어떻게, 어떤 순서로 정보를 제공해주느냐가 평가에 영향을 미칠 수밖에 없다. 직관은 다음과 같은 정보를 선호한다.

첫째, 두루뭉술하지 않고 명확한 정보
둘째, 반복되는 정보

예시를 보면서 생각해보자.

사례 8 농촌 봉사 활동을 떠나기 전에 폐교가 된 학교가 있다는 말을 듣고 조를 나눠 벽화를 그리기로 결정했습니다. 폐교란 말을 들으면 부정적인 이미지가 떠올라 분위기를 화사하게 바꾸려고 고민을 했습니다. 유명한 벽화마을의 사진을 찾아보며 어떤 색깔을 자주 이용하는지와 많이 쓰이는 그림을 알아봤습니다.

실제로 톤을 밝게 하고자 노란색, 분홍색, 하늘색을 이용했고 복잡한 그림보다는 누구나 알아볼 수 있는 간단한 패턴 형식의 그림을 그려서 폐교의 분위기가 밝아졌습니다. 모둠 작업이 끝난 후에는 다른 모둠 친구들을 도우며 벽면을 채워갔기 때문에 모든 모둠 작업을 해가 지기 전에 마칠 수 있었습니다.

제 능력이 다른 곳에서 쓰이고 그 결과가 남들에게 기쁨을 주는 모습을 보며 자존감도 올라가고 성취감도 있었습니다. 마지막 날 밤에는 다리가 불편하신 할머니께 살아오신 이야기를 들을 수 있었습니다. 이야기를 다 하시고 제게 '고맙다' 말하시는 것을 보고 거창한 활동이 아니라도 진정성을 가지고 임한다면 남들에게 도움이 됨을 알았습니다. 결론적으로 마음이 움직여서 하는 나눔은 반드시 상대의 마음을 움직인다는 것을 깨달았습니다.

[사례 8]의 자기소개서를 읽은 입학사정관은 다음과 같이 생각할 것이다.

'얘는 농촌 봉사를 갔구나.'
'거기서 벽화를 그렸네.'

'색깔을 선택할 때 고민을 했네. 간단한 패턴을 사용했구나.' → '디자인 감각이 있구나.'

'재능을 통해 나름 사회에 기여를 했네.' → '나눌 줄 아는 애구나.'

'할머니랑 대화를 했어? 이건 뭐지?' → '진정성하고 무슨 상관이지?'

자기소개서를 읽으면서 학생의 특성을 명확히 파악하는 것이 쉽지는 않다. 또 학생의 행적을 보고 특성을 파악하는 과정 속에서 의도와는 달리 입학사정관에게 엉뚱한 의미가 닿을 수도 있다.

명확한 구성을 제안하는 3단 구성법

 제가 가진 재능을 통한 나눔은 저를 기쁘게 했습니다.

농촌 봉사 활동에서 만난 마을 분들이 마을을 홍보할 수 있는 지도를 만들어 달라고 부탁하셨습니다. 저는 마을을 돌아다니며 특징적인 사물들을 관찰했고 면사무소에 방문해서 실제 지도를 얻었습니다. 이장님이 말씀해주신 마을의 역사를 듣고 지도에서 나타내야 할 것들을 강조하면서 지도를 그렸고 어르신들도 쉽게 볼 수 있도록 큰 글씨를 사용했습니다. 그렇게 순천 화지마을의 지도가 완성되었고 마을회관에 설치했습니다.

농촌 봉사 활동을 돌아보며 제가 가진 지식, 능력을 사용해서 봉사할 때 가장 기쁘다는 것과 봉사는 열정을 가지고 시작해야 함을 깨달았습니다.

[사례 9]의 자기소개서를 읽는 입학사정관은 아마 다음과 같이 생각할 것이다.

'재능을 통해 나눔을 실천했다고?' → '재능을 어떻게 보여주지?'

'글씨를 크게 해서 사용자를 배려하는군. 패턴을 보니 디자인 재능이 있네.' → '재능이 있구나.'

'친구들과 함께?' → '협력과 리더십이 있구나.'

'능력을 사용한 봉사가 기뻤다고?' → '재능을 통해 나눔을 진짜 실천했고 봉사를 좋아하는 게 사실이구나!'

[사례 9]의 자기소개서를 읽는 입학사정관은 자신이 평가하려는 바와 정확히 일치하는 '나눔'과 '(디자인적) 재능'이라는 두 가지 정보를 바로 접했을 것이다. [사례 8]에서는 여러 활동을 읽어가며 특성을 찾아야 하는 반면에 [사례 9]에서는 단번에 특성을 파악할 수 있다. [사례 9]를 읽는 입학사정관은 학생의 특성이 무엇인지 고민할 필요가 없다. 특성을 증명하는 글이 바로 나오기 때문이다. 입학사정관의 머릿속에 명확한 특성이 각인되고 내용을 읽어가면서 이런 특성이 사실이라는 확신이 생긴다.

이와 같이 인간의 사고방식을 토대로 하여 전하고자 하는 바를 가장 효율적으로 전달할 수 있는 방법이 3단 구성이다.

서론 ❶ 제가 가진 재능을 통한 나눔은 저를 기쁘게 했습니다.

본론 ❷-1 농촌 봉사 활동에서 만난 마을 분들이 마을을 홍보할 수 있는 지도를 만들어달라고 부탁하셨습니다. (중략)

본론 ❷-2 농촌 봉사 활동을 떠나기 전에 폐교가 된 학교가 있다는 말을 듣고 조를 나눠서 벽화를 그리기로 결정했습니다. (중략)

결론 ❸ 농촌 봉사 활동을 돌아보며 제가 가진 지식, 능력을 사용해서 봉사할 때 가장 기쁘다는 것과 봉사는 열정을 가지고 시작해야 함을 깨달았습니다.

서론 ❶에서 먼저 메시지를 전달한다. 이때 메시지는 보통 입학사정관이 사용하는 언어로 명확하게 전달해야 한다. 하지만, 그 정도가 지나치게 노골적이면 안 된다. 예를 들어 "저는 리더십이 있습니다"와 같이 노골적인 문장은 보는 이를 불편하게 한다(첫 문장을 어떻게 만들까에 대한 내용은 앞에서 자세히 다루었다). 입학사정관이 사용하는 언어는 대학의 인재상에 있는 단어들이라고 생각하면 무난하다. 입학사정관에게 나의 어떤 부분을 평가해달라고 미리 알려주는 셈이니 다른 길로 빠질 가능성이 줄어든다.

본론 ❷-1과 본론 ❷-2는 서론 ❶에서 말한 특성을 증명할 수 있는 활동들로 채운다. 이로써 평가자는 서론 ❶에서 지원자가 내세운 특성이 지원자에게 실제로 있음을 알 수 있다.

결론 ❸에서는 다시 한 번 서론 ❶의 내용을 구체화해 특성을 강조해준다. 결론 ❸을 통해 서론 ❶에서 본 '재능'이나 '나눔'과 같은 평가자의 언어가 다시 한 번 머릿속에 각인된다. 입학사정관의 머릿속에 지원자가 재능이 있으며, 그것을 나눌 수 있는 사람으로 각인되는 것이다. 물론 본론 ❷를 어떻게 쓰느냐에 따라 효과는 조금씩 달라지겠지만 말이다.

04

어떻게 엮을지는 미리 계획해라

'거짓'은 금물, '사실'로 채워라

'활동을 디자인하라'는 말은 '거짓말을 하라'거나 '사기를 치라'는 말이 아니다. 맥락이라는 것은 활동 속에 내가 감춰둔 함의, 의의, 의미다. 그리고 활동을 디자인한다는 것은 자신이 느꼈던 의미와 의의를 구체적으로 기술하고 배열함을 뜻한다. 그런데 이 작업을 사기라고 생각한다면 의미도 찾지 못한 채 맹목적인 활동을 했다는 소리밖에 안 된다.

활동에서 느끼지 못하고 성장하지 못하는 사람은 절대로 학생부종합전형을 통해 대학에 갈 수 없다. 설령 서류가 통과한다고 해도 면접을 해보면 추천서의 말과 문장에 진정성이 없다는 것이 뻔히 보일 것이다. 마치 이 기술이 하지 않은 활동을 한 것처럼 보이게 하고 뭔가 엄청난 뻥을 쳐서 대학에 갈 수 있게 해주는 비법이라고 생각한다면 그건 분명 오해다. 필자가 자기소개서를 첨삭 지도할 때는 '이 학생의 것이 아닌 것은 생각이 나더라도 쓰지 않는다'는 규칙을 지킨다.

　컨설팅을 하다 보면 이상적인 스토리가 떠오른다. A라는 활동의 계기에 B라는 이유를 붙이면 정말 좋겠다 싶을 때가 있다. 그렇지만 모든 학생에게 B라는 동기가 있는 것은 아니다. 그건 말 그대로 '이상적인' 경우다. 그럴 때는 학생들이 솔직하게 말하는 C라는 계기를 서술한다. 그것이 진짜 그 학생의 이야기이기 때문이다. 자기소개서가 거짓으로 가득 찬 소설이 되는 것을 경계하자.

　수시 평가의 중요한 원칙 중 하나는 '일치성'이다. 그건 어떤 대학이든 똑같다. 입학사정관이 보는 모습과 서류의 모습이 일치하지 않으면 뽑지 않는다. 어딘가 부풀려 있다면 거짓이다. 그런 거짓 서류는 결국 지원자를 탈락으로 이끈다. 그러니 이 기술을 활용할 때는 언제나 내가 거짓말을 지어내려는 것은 아닌지 점검해야 한다. 매우 중요한 이야기이므로 반드시 '사실'로 채운 자기소개서를 쓰길 바란다.

'활동', 제대로 디자인하기

　활동을 디자인하는 방법은 여러 가지가 있다. 사실 '잘 쓴' 자기소개서인지는 널브러져 있는 활동들을 디자인해서 내 모습을 얼마나 효과적으로 보여주는지에 달려 있다. 활동을 디자인한다는 표현은 '조직'한다는 단어로 바꾸어 생각할 수 있다. 필자는 디자인이라는 단어가 더 좋으므로 디자인이라는 단어로 서술하려 한다. 이제부터는 활동을 디자인하는 몇가지 방법을 소개하겠다.

1) 인과적 서술 : 성장과 변화에 초점을 맞추어라

"여기 찢어지지 않는 종이가 있습니다"라고 말하며 어떤 장사꾼이 당신에게 종이를 판다고 해보자. 당신은 이 종이가 매우 마음에 드는데, 이 종이가 진짜 찢어지지 않는지 궁금하다. 당신은 어떻게 할 것인가?

① 사기꾼 같지만 일단 믿고 산다.
② 필요하지만 의심이 가니까 사지 않는다.
③ 진짠지 확인해보려고 종이를 찢는다.

정답은 ③번이다. 장사꾼이 찢어지지 않는 종이라고 했으니 찢어보면 될 것 아닌가. '종이는 찢어지지 않는다'라는 주장을 증명하려면 그 종이에 찢는 힘이라는 '자극'을 주고, 종이가 찢어지는지 안 찢어지는지 '결과'를 확인해야 한다.

당신은 '찢어지지 않는 종이'와 마찬가지다. 입학사정을 하는 평가자 앞에 학생부나 추천서 등의 서류가 있더라도 기본적으로 리더십이 있다든지, 창의력이 있다든지 하는 부분을 판단하기란 쉽지 않다. 여러분은 본인이 능력 있는 사람이라는 것, 즉 '찢어지지 않는 종이'임을 스스로 입증해야 한다. 그런데 입학사정관이 직접 찢어보면 좋겠지만 그러기엔 시간이 매우 오래 걸린다. 따라서 스스로를 '찢어서' 그들에게 '안 찢어져요!' 하며 보여줘야 한다.

자기소개서 3번 문항에서 '갈등 관리 능력'을 묻는 이유도 바로 이 때문이다. 적절한 '자극'이 될 만한 활동을 선정하고, 그런 자극 속에서 본인이 어떻게 반응했는지를 보여준다면 입학사정관도 간접적으로나마 여러분이 주장하는 바를 효과적으로 느낄 것이다. 국어교육과를 지망하는 학생의 사례를 살펴보자.

사례 10 평소 책을 좋아하고 문학 쪽 진로를 고민하던 제게 학교 국어 선생님은 독서 토론 동아리를 권하셨습니다. 좋아하는 독서를 할 수 있고, 더불어 독서를 통해 얻은 생각과 미처 생각하지 못한 부분을 토론을 통해 교환하고 보충할 수 있어서 알찬 활동이었습니다.

동아리 활동을 하면서 『스마트한 바보들』이라는 책을 읽고, 시·도 토론 대회에 참가했을 때 생각을 체계적으로 정리해 논리적으로 말함으로써 논리적인 말하기의 기본 방법을 스스로 터득할 수 있었습니다. 교내 독서 골든벨, 독서 논술 대회 등 각종 독서 대회를 진행하며, 여러 사람 앞에 서는 두려움도 조금씩 없어졌습니다. 또 『태백산맥』, 『탁류』, 『두근두근 내 인생』, 『엄마를 부탁해』에 관한 논술 문제를 직접 출제함으로써 제가 직접 주제를 정하고 그에 맞는 논리적인 답변을 생각해보는 경험을 할 수 있었습니다.

[사례 10]의 자기소개서는 활동을 소개하지 않고, 활동에서 자신의 역할은 무엇이었는지와 활동에서 본인이 얻은 것이 무엇인지를 비교적 솔직하고, 자세하게 기록했다. 그렇지만 독서 토론 동아리 활동을 해본 사람이라면 누구나 이 정도 느낀 점이나 활동 내역은 가지고 있을 테니 차별점이 없다. 이런 자기소개서를 조금 변별점 있게 '인과적 서술'을 통해 만들어보면 [사

례 11]과 같은 자기소개서가 된다.

사례 11 어릴 적부터 책을 좋아하고 글을 쓰는 것을 좋아했지만 여러 사람 앞에 서서 그것을 발표할 때면 준비한 말도 제대로 나오지 않았고, 항상 자신감이 부족하다는 평을 들었습니다. (계기)

학교 국어 선생님은 지식은 받아들이고 표현하면서 크기를 키워가는 것이라고 가르쳐주셨습니다. 그래서 선생님의 권유로 독서 토론 동아리에 들어가게 되었습니다. (자극 : 선생님의 권유)

동아리 활동을 하면서 『스마트한 바보들』이라는 책을 읽고 시·도 토론 대회에 참가했을 때 제 생각을 체계적으로 정리해 논리적으로 말하는 연습을 함으로써 남들 앞에서 하는 발표에 대한 부담감이 조금씩 사라졌습니다. 또 교내 독서 골든벨, 독서 논술 대회 등 각종 독서 대회를 진행하며 여러 사람 앞에 서는 두려움도 조금씩 없애 나갔습니다. (결과-깨달음 ❶ : 남들 앞에 서는 두려움 극복)

또 『태백산맥』, 『탁류』, 『두근두근 내 인생』, 『엄마를 부탁해』에 관한 논술 문제를 직접 출제했습니다. 제가 직접 주제를 정하고, 그에 맞는 논리적인 답변을 생각해보고, 친구들의 답안을 읽고, 토론하는 과정에서 남들과 소통 가능한 '쌍방향 지식'을 얻는 방법을 배울 수 있었습니다. (결과-깨달음 ❷ : 소통의 방법을 깨달음)

자기소개서를 이렇게 교정하기 전에 가장 먼저 해야 할 일은 '국어교육과에서 학습하고 교사가 되려면 내게 필요한 자질은 무엇인지'를 고민하는 것이다. [사례 10]처럼 여러 깨달음만을 전달하는 것이 아니라 깨달음이라는 '결과'를 설득력 있게 전달하는 방안으로 독서 토론 동아리라는 '자극'을 활용해 서술하고 있다.

이 자기소개서를 읽는 입학사정관은 독서 토론 동아리 활동에 초점을 맞추는 것이 아니라 '지원자가 이제는 남들 앞에서 말하고 표현할 수 있는 사람이 되었구나!'라는 판단을 내릴 수 있을 것이다.

2) 수직적 서술 : 결과의 향상과 꾸준한 노력에 초점을 맞춰라

수직적 서술이란 시간이 흐르면서 한 가지 활동이나 사안, 성질 등이 긍정적인 방향으로 나아가고 있음을 보여주는 방법이다. 학생부종합전형의 중요한 평가 요소 가운데 하나가 '성장 가능성'이다. 이때 시간이 흐르면서 긍정적인 방향으로 변화하고 결과가 나아지는 모습을 보여줌으로써 대학에 와서도 성장할 수 있다는 이미지를 줄 수 있다.

일반적으로 수직적 서술은 학업 성적이 10등이었는데 1등으로 올랐다든지, 수상 실적이 꾸준히 높아졌다든지, 정량적으로 결과를 표현할 수 있을 때 쓴다. 또 봉사 활동을 꾸준히 하면서 점진적으로 성과가 나타나는 경우처럼 지속성을 강조해야 할 때도 쓸 수 있다. 예시를 보자.

사례 12 제 경제 수상 경력이 말해주듯 대학에 가서도, 제 성장은 멈추지 않을 것입니다. 여러 가지 수상 가운데서 가장 두드러지는 점은 '성적이 계속 올랐다'는 것입니다. 이런 결과로 저를 이끌어준 것은 호기심과 그 호기심을 해결하는 과정이었습니다.

처음 경제 시험을 봤을 때만 해도 저는 경제에 대해 아무것도 알지 못했습니다. 하지만 경제 동아리에 들어오면서 경제에 흥미가 생겼고, 동아리에서 기업 체험 같은 창의적 체험 활동을 기획해 다녀오고, 또 체험보고서 등을 작성하면서 직접 경제를 접했습니다. 그리고 신문이나 책을 보면서 경제를 익히기도 했습니다.

이런 과정에서 경제를 사랑하게 되었고 저는 수많은 질문을 스스로 했습니다. 신문을 보거나 기업을 다녀오면 '기업가 정신의 가치는 얼마일까?', 길을 걷다가도 '닭강정 가게가 두 개인데 앞으로 어떤 가게가 이길까?'와 같은 질문들을 하게 됐습니다. 이러한 질문들에 대한 답을 찾고자 더 열심히 책을 보고, 혼자서 연구해보고, 설문을 하고, 선생님께 여쭤보기도 했습니다.

이런 질문을 해결한 결과는 블로그의 논평 글이나, 〈닭강정 초한지〉 같은 연구 보고서, 논문으로 나타났습니다. 이런 활동들을 하면서 얻은 경제적 지식과 마인드는 테샛 1급, 교내 경제경시 대상 등의 수상 실적을 낳았고, 제게 평생 경제를 공부하는 경제학자가 되고 싶다는 꿈을 주었습니다.

수직적 서술을 가장 많이 사용한 전형적인 자기소개서다. 학생들이 자기소개서를 쓰며 가장 많이 실수하는 부분이 바로 '성장세'에만 집중하는 점이다. '성적이 올랐다', '꾸준히 상을 받았다'와 같은 사실은 학생부나 자기소개서 한 줄로 금방 확인할 수 있다. 입학사정관이 실제로 궁금해하는 것은 '이런 성장이 무엇 덕분에 가능했는가?'다. 왜냐하면 대학에 와서도 과연 성장을 이어갈 수 있을지 궁금하기 때문이다. 그래서 위의 사례처럼 성장 자체보다 그런 성장이 가능했던 이유와 고민을 극복하면서 성장이 계속될 수 있음을 보여주는 게 중요하다.

'호기심'이라는 기본적인 태도와 속성은 대학에 가서도 사라지지 않을 것이니 나라는 사람은 계속 성장할 것이라는 논증에 주목해보기 바란다. 한 가지 더 이야기하자면 수상 실적 대신 경제경시대회 참여나 독서와 같은 활동을 호기심과 엮어 글을 쓰는 것도 지속적인 '관심'이라는 주제를 이끌어 내는 데 효과적이다.

3) 수평적 서술 : 나만의 흐름을 만들어라

인과적 서술과 수직적 서술은 비교적 정해진 틀 안에서 진행되지만 수평적 서술은 그야말로 자기소개서를 쓰는 사람의 능력을 보여주는, 가히 자기소개서 작성의 '정수'라 할 만하다. 수평적 서술은 개별적이고 파편적인 활동에서 접점을 찾아 하나의 주제나 틀로 묶어서 서술하는 방식이다. 그러므로 어떻게 틀을 짜느냐에 따라 달라진다. 몇 가지 사례를 가지고 어떤 식으로 틀을 짜서 활동을 디자인하는지 살펴보자.

사례 13 저는 봉사 속에서 봉사와는 멀어 보이는 효율성을 실현했습니다. 진심이 담긴 봉사가 가장 효율적이고 모두에게 좋을 것이라 생각했습니다. 그래서 저는 가장 진심으로 할 수 있는 멘토링을 택했고 대상은 달라졌지만 약 2년간 꾸준히 봉사했습니다.

2학년 때는 저소득층 아이들을 대상으로 학습 멘토링을 하면서 아이들의 내부에서 자신감과 적극성을 이끌어내, 단순한 지식 나눔이 아닌 진정한 멘토 역할을 수행했습니다.

3학년 때는 시간 제약상 학교에서 후배들의 학습 질문을 받아주는 멘토링을 했습니다. 여기까지는 평범한 봉사일 수 있지만, 전 '또래 세미나'란 프로그램을 기획해 후배들에게 강연자로서 진정한 경제의 재미를 알려주려고 노력했고, 또 그들이 다시 강연자가 되어 활동하게 하는 선순환 구조를 만들었습니다. TED라는 강연 사이트를 모티브로 시작한 이 프로그램은 〈게임이론과 경제학의 미래〉를 강연한 저를 시작으로 현재 네 명이 강연했고 계속 진행 중입니다.

'봉사'라는 틀 안에서 저소득층 멘토링 봉사, 후배 멘토링, 강연 프로그램 기획과 같은 활동을 엮었다. 이를 통해 봉사정신, 나눔, 경제 전공적합성 등을 복합적으로 보여주었다. 단순히 봉사만 나열했다면 나눔에 대한 이야기만 보일 것이고, 강연 기획만 나열했다면 전공적합성, 기획력만 보일 것이다. 그렇지만 이 활동들을 '봉사는 세상을 향한 효율적이고 최선의 나눔이다'라는 틀 안에 엮어서 서술한 덕분에 전공적합성과 따뜻함을 함께 보여준 자기소개서가 됐다.

사례 14 제 고등학교 생활은 한마디로 '표현'의 연속이었습니다. 말과 글이 '표현'의 가장 기본적인 수단이라 생각해서 고등학교 내내 말하기와 글쓰기를 하는 교내 활동이라면 절대 빠지지 않았습니다.

시사 토론 활동은 제가 꾸준히 해온 기본적인 '표현' 활동이었지만 무언가를 표현하려면 그 방법은 물론 표현하려는 대상을 제가 가장 먼저 잘 알아야 했습니다. (…) 그 결과 3년 내내 참석한 교내 논술경시에서 빠짐없이 수상할 수 있었습니다.

영어를 사용한 '표현' 활동도 게을리하지 않았습니다. 저는 방과후수업으로 영어 인증 성적을 받거나 시험 대비를 하는 수업이 아닌 '영어 강독 수업'을 선택했습니다. (…) 흑인의 억양을 따라할 만큼 치열하게 그들의 문화와 정서를 이해하고 '표현'하려고 노력했습니다.

비공식 동아리 ○○○○은 제 가치관의 '표현'이었습니다. 저는 '학문은 인간을 위해 존재한다고 생각하기에 내게 배움이 있으면 나누어야 한다'고 생각합니다. (…)

저는 '표현'하기를 좋아하는 사람입니다. 지금까지는 자신을 표현하면서 표현 '연습'을 해왔습니다. 그리고 이 연습을 바탕으로 대학에 가서 다양한 방법으로 계속 '표현'하고, 나아가 이 나라를 대신해 '표현'하는 사람이 되고 싶습니다. 외교관일 수도, 국제공무원일 수도 있지만 언제나 제 인생은 당찬 '표현'으로 가득할 것입니다.

[사례 14]는 정치외교학과에 지원하는 학생의 자기소개서 2번 공통 문항이다. 의도적으로 중략해서 여러분이 틀만 볼 수 있게 준비했다. 보통 세 가지 활동을 따로 쓰는 경우가 많지만 이 친구는 세 가지 활동을 연결해서 서술했다. 정치, 외교에 의사소통이 중요하기에 '표현'이라는 부분을 강조했다. 다양한 활동 내용을 '표현'이라는 큰 주제와 연관시켰고 표현 능력을 중

심으로 가치관이 드러나도록 썼다.

이런 식으로 다양한 방법과 틀을 가지고 수평적으로 흩어진 활동들을 통합할 수 있다. 만약 의료 봉사 경험을 들어 간호학과에 지원하는 학생과 영자신문반 경험을 내세워 간호학과에 지원하는 학생 두 명이 있다면, 당연히 후자의 자기소개서를 조금 더 읽어보고 싶을 것이다.

이처럼 얼마나 참신한 '틀'을 잡아 자기소개서를 쓰느냐에 따라 진부한 활동도 재미있게 만들 수 있다. 그래서 정해진 틀이 없는 수평적 서술이 가장 어렵다. 그런 까닭에 학원이나 업체보다 학생들이 더 훌륭한 자기소개서를 쓰기도 한다. 보통 자기소개서 업체들은 정해진 틀에서 이야기를 풀어가지만 학생들은 직접 자신이 한 활동으로 이야기를 풀어가기 때문에 누구도 생각하지 못하는 참신함이 튀어나온다. 본인이 한 활동에 가치를 불어넣는 데 어떤 디자인을 활용할지 고민해보자.

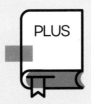

PLUS

사소한 활동도 엮어서 쓰면
의미 있는 활동이 된다

—

문제 1 _ 왼쪽 가운데의 동그라미와 오른쪽 가운데의 동그라미 중 어느 것이 클까요?

① 왼쪽 ② 오른쪽 ③ 같다!

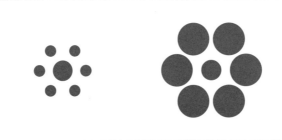

정답은 ③번이다. 겉보기엔 누가 봐도 왼쪽 동그라미가 더 커 보인다. 그렇지만 이 두 동그라미의 크기는 같다. 반지름 길이를 재보면 알 수 있다. 두 동그라미의 크기가 다르게 보이는 까닭은 주변 동그라미들의 크기 때문이다. 똑같은 문제를 하나 더 풀어보자.

문제 2 _ 위의 선분과 아래의 선분 가운데 무엇이 더 길까요?

① 위 ② 아래 ③ (누굴 바보로 아나) 같다!

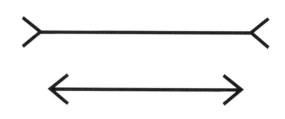

정답은 ③번이 아니라 ①번이다. 혹시나 ③번이라고 자신 있게 말씀하신 분들이 있다면 직접 선분의 끝점을 이어서 확인해보라. ①번이 확실히 더 길다는 것을 알 수 있을 것이다.

이게 바로 '맥락과 관점의 힘'이다. 〈문제 1〉에서 여러분은 '원래는 같지만, 다르게 보이는 착시현상에 대한 이야기구나'라는 '관점과 맥락'을 얻었다. 그리고 〈문제 2〉에서도 비슷한 상황이 발생하자 의심 없이 같다고 생각했을 것이다. 만약에 〈문제 1〉에서 두 동그라미의 크기가 다르다고 이야기했다면, 여러분은 〈문제 2〉에서도 '진짜 다른 거 아닐까' 하는 의심을 했을 것이다.

자기소개서도 마찬가지다. 맥락에 따라 문제의 정답이 달라 보이듯이 어떤 활동을 했든지 간에 그 맥락에 따라 천차만별로 달리 해석된다.

예컨대 같은 봉사 활동을 했더라도 계기가 '나눔을 실천하고자'라고 했을 때와 '봉사 시간을 채우기 위해서'라고 했을 때는 그 평가가 다를 수밖에 없다. 따라서 우리는 자기소개서를 쓸 때 활동을 디자인할 필요가 있다. 활동을 어떻게 보여줄지 디자인하는 방식에 따라 별것이 되기도 하고, 별것인 활동이 시시해지기도 한다. 조금 극단적인 예시를 살펴보자.

사례 1 나는 유니세프에 일정 금액을 기부해왔다. 생명을 구하는 건 뿌듯한 일이다.

꽝장히 일반적인 활동이다. 누구나 돈만 있으면 할 수 있는 활동이고, 특별한 경험이 되기에는 조금 부족해 보인다. 이 활동에 맥락을 붙어넣어보자.

사례 2 나는 『왜 세계의 절반은 굶주리는가』라는 책을 읽고 감명을 받아, 내가 할 수 있는 일이 무엇일지 찾다가 유니세프에 기부를 했다. 귀중한 생명을 내 조그만 도움으로 구할 수 있다는 사실이 기뻤다.

이제 활동에 의미가 조금 생겼다. 누구나 할 수 있는 활동이지만 지원자의 가치관이 조금 보인다. 예컨대 독서 활동을 엿볼 수 있다.

맥락을 통해 '이 친구는 독서를 하는 친구고, 깨달은 바를 실천에 옮기는 친구'라는 사실을 알 수 있다. 맥락에 조금 더 살을 붙여보자.

사례 3

나는 『왜 세계의 절반은 굶주리는가』를 읽고 너무나 마음이 아팠다. 그래서 내가 아침마다 학교에서 빵을 사 먹는 돈을 한 달 동안 모아서 유니세프에 기부했다. 경제학에서 같은 비용이라면 최대의 효용을 내는 게 옳다고 배웠다. 생명보다 세상에 소중한 게 어디 있는가. 경제학에서 배운 대로 잠시의 배고픔을 참고 더 가치 있는 선택을 했다.

훨씬 더 맥락이 풍부해졌다. 독서 활동은 물론 독서를 통한 가치관 설정과 실천이 드러난다. 무엇보다 일상생활에서 자신이 깨달은 바를 실천할 수 있는 능력과 전공 적합적인 성향을 확인할 수 있다. 그냥 기부한 것이 아니라 경제학의 원리에 따라 기부하고, 자신이 배우고 깨달은 경제적 원리를 명확히 제시했다.

앞선 세 예시 모두 중심이 되는 활동은 '기부'다. 유니세프에 매달 정기적으로 기부하는 것은 누구나 할 수 있는 아주 흔하고 쉬운 활동이다. 하지만 기부 활동에 어떤 맥락을 불어넣어 주느냐에 따라서 해석이 달라진다.

여기서 가장 중요한 점은 활동에 맥락을 더한답시고 거짓으로 맥락을 지어내는 것은 옳지도 않을뿐더러 진정성이 없어 면접에서도 떨어진다는 것이다(맥락의 중요성에 이어 맥락을 만드는 방법을 이야기하고, 이런 방법을 사용할 때의 주의점을 함께 살펴보도록 하자).

●　●　●

2021년 현 고3, 고2에게 적용되는
대입자기소개서 양식에 맞추었다!

PART 5

주요 대학별
학생부종합전형 완전 분석

아무리 내신이 좋고 자기소개서를 잘 쓴다 하더라도 대학마다 인재를 선발하는 기준이 다르므로 자신이 목표하는 대학의 평가 기준을 모르고 준비한다면 입시에 성공하기 어렵다. 〈파트 5〉에서는 일반대학교와 교육대학교로 나눠 각 대학이 자기소개서를 평가하는 방식이나 선호하는 평가 요소, 합격자들의 평균 내신 등을 분석했다.

현실적으로 모든 대학의 정보를 다룰 수 없기 때문에 일반적으로 학생들이 선호하는 주요 대학, 특수한 수요가 존재하는 대학 등을 위주로 선정했다. 설령 본인이 지망하는 대학이 이 책에 없더라도 전부 읽어보길 권한다. 이 책에 소개된 대학의 평가 기준을 숙지하면 다른 대학의 평가 기준도 쉽게 이해할 수 있고 익힐 수 있기 때문이다. 최대한 많이 읽고 이해해서 합격의 문에 들어서길 바란다.

01
서울대학교

• 전형분석 •

전형명	지역균형전형	일반전형
선발 방법	(1) 고교별 학교장 추천 2인 [종합 평가] (2) 서류 평가 + 면접	[단계별 평가] 1 차 : 서류 평가 2차 : 면접 및 구술고사
수능 최저	○	X
비고	단계별 평가 X	단계별 평가 ○

　한국에서 학생부종합전형을 최초로 도입한 대학이자 가장 통찰력 있는 평가 역량을 보유한 대학이 서울대학교다. 서울대학교를 목표 대학으로 삼지 않은 학생이라도 서울대학교 편을 읽으면 좋은 이유는 두 가지다. 첫 번째, 방금 언급한 바와 같이 학생부종합전형에 맞게 제대로 평가하는 대학이기 때문이다. 서울대학교의 전형과 추구하는 목표를 파악한다는 것은 사실 학생부종합전형의 정석을 익힌다는 뜻과 같다. 두 번째, 평가 역량이 탁월한

대학이라서 대학들 대부분이 서울대학교와 같은 방향으로 전형을 설계하기 때문이다. 대표적으로 2018학년도를 기점으로 대폭 변화한 고려대학교가 이에 해당한다. 다른 대학도 마찬가지로 속도 차이는 있지만 조금씩 서울대학교가 추구하는 방향으로 변화해나가고 있다. 그러므로 이번 서울대학교 편은 〈이론편〉의 실전 버전이라고 생각하면서 읽어주자.

1. 지역균형선발전형 : 다양성의 확보

지역균형선발전형은 이름 그대로 '균형 있는' 선발을 목표로 한다. 고교별로, 지역별로, 그리고 경제적으로 교육 환경은 확연히 다르다. 예를 들어 이름은 같은 방과후학교라도 서울 강남권 고등학교에서 참여할 수 있는 프로그램과 지방 소도시 고등학교에서 참여할 수 있는 프로그램에는 분명 큰 차이가 있다. 그렇기 때문에 이렇게 다양한 교육 환경과 배경을 고려했을 때 충분히 의미 있는 성과를 낸 학생에게 관심을 가질 필요가 있다. 지역균형선발전형은 이 취지에 따라 고교별로 학교장의 추천을 두 명씩 받아 선발한다. 최고의 대학으로 꼽히는 서울대학교인 만큼 일반적으로 문과 계열 전교 1등, 이과 계열 전교 1등이 선택받는다(고교 특성에 따라 추천 기준이 다를 수 있는 만큼 반드시 확인해보자).

결국 전교 1등이 지원하는 전형이므로 아래 질문은 무의미하다.

> "몇 등급 정도가 돼야 지원 가능한가요?"

그렇다면 질문을 바꿔보자. 전교 1등끼리 경쟁하는 상황이라면 내신이 얼마나 중요할까? 답은 당연히 '중요하지 않다'이다. 서울대학교는 전형별 합격자 내신은 물론 불합격자 내신을 정량적으로 공개하지 않는다. 하지만 표본 자료나 합격자들의 내신을 고려해봐도 내신 수치 자체가 절대적으로 중요하다는 근거는 없다. 불합격자의 평균 내신과 합격자의 평균 내신 사이에 결정적인 차이가 없기 때문이다. 이유는 간단하다. 앞에서 말했다시피 이미 '전교 1등'이기 때문이다.

'전교 1등'은 결국 해당 고교라는 교육 환경에서 가장 탁월한 성과를 보였다는 뜻이다. 따라서 이 추천 자격을 갖추었다면 내신 수치 그 자체는 걱정할 필요가 없다(쉽게 말해 일반고 전교 1등이기만 하면 절대적인 내신 수치 자체는 문제되지 않을 것이다. 물론 전교 1등을 할 수 있느냐가 가장 큰 문제이기는 하지만……).

그렇다고 내신이 평가 영역에서 배제된다는 뜻은 물론 아니다. 절대적인 수치에 휘둘릴 필요가 없다는 뜻이다. 그 외에 3년간의 내신 변화 추이, 지원 전공과 관련된 교과 내신 성적은 여전히 주요하게 작용한다. 따라서 일단 지원 자격을 얻었다면 전체적인 수치 대신 등급 숫자 하나씩 자세히 살펴 합격 가능성을 높여보자. 서울대가 평가 과정에서 학생부에 기록된 '모든' 내용을 평가 대상으로서 살펴본다고 밝힌 것은 결코 빈말이 아니다.

어쨌든 전형의 취지가 이런 만큼 지역균형선발전형 합격자 중 절대 다수가 일반고 학생이다. 또한 일반 전형에 비해 더 다양한 지역에서 합격자가 나온다. 이 또한 다양한 배경을 가진 학생을 선발하고자 하는 취지와 닿아 있을 것이다. 아래 표를 참고하자.

| 표 1 | **서울대학교 수시 모집 합격생의 고교 유형**

	일반고	자사고	자공고	과학고	영재고	외고	국제고	기타
지역균형	87.8%	4.8%	6%	없음				1.4%
일반전형	33.6%	16.4%	2%	8.3%	14.4%	12%	1.2%	11.1%

| 표 2 | **서울대학교 수시 모집 합격생의 지역별 현황**

	서울	광역시	시	군
지역균형	25.8%	25.4%	44.6%	4.2%
일반전형	41%	22.8%	33%	3.1%

　일반 전형에서 서울 출신 학생이 강세를 보인다면 지역균형선발전형에서는 시 출신 학생이 강세를 보인다. 이는 지역균형선발전형이 추구하는 인재가 다양한 지역적 환경에서 우수한 역량을 보인 학생임이 여실히 드러난다. 본인이 일반고 전교 1등이라면 지역에 따른 유·불리를 걱정하지 말고 적극 지원해보길 권한다.

　왜 굳이 다양성을 확보해야 하는지를 묻는 사람들이 있는데, 이유는 간단하다. 다양한 환경과 성장 배경을 가진 사람들이 캠퍼스에 한데 모여 협력하고 부딪히는 과정 속에서 새로운 가치가 창출될 수 있기 때문이다. 이것은 학생부종합전형이 추구하는 궁극적인 목표이기도 하다.

2. 지역균형선발전형의 마지막 변수 : 수능최저학력기준

지역균형전형에는 또 다른 중요한 변수가 있으니 바로 수능최저학력기준이다(일반 전형에는 수능최저학력기준이 없다). 구체적인 기준은 다음 표를 참고해라. 2015학년 입시 이후로 다음 기준을 계속해서 유지해왔다.

| 표 3 | **2022학년도 서울대학교 지역균형선발전형 수능최저학력기준**

모집단위		수능최저학력기준
전 모집단위(음악대학 제외)		4개 영역 중 3개 영역 이상 2등급 이내
음악대학	작곡과	4개 영역 중 3개 영역 이상 2등급 이내
	기악과, 국악과	4개 영역 중 2개 영역 이상 3등급 이내

최소한의 학업 역량을 확인하고자 하는 장치이지만 다음 표에서 알 수 있듯이 많은 학생들에게, 특히 일반고 학생에게는 큰 부담이다. 2015학년도를 기점으로 수능최저학력기준이 강화되자 미달 인원이 크게 증가하기도 했다. 하지만 2018학년도부터 영어 절대평가가 도입되자 일반고 미달 인원이 크게 줄어들 것으로 예상했지만, 이후 수능 영어 시험의 난도가 어려워져 일반 미달 인원은 여전히 많았다. 이에 수능최저학력기준은 2020학년도 입시까지 대부분의 일반고 학생에게 큰 부담으로 작용했다.

| 표 4 | 지역균형선발전형 수능최저학력기준 미달인원

지역균형전형	수능최저 미달인원(비율)	일반고 미달인원(비율)	수능최저학력기준
2012학년도	539명(22%)	460명(85%)	4개 영역 중 2개 영역 2등급
2013학년도	504명(21%)	443명(88%)	
2014학년도	686명(28%)	612명(90%)	
2015학년도	1101명(44%)	이후 년도 자료 X	4개 영역 중 3개 영역 2등급

2022학년도 입시의 경우 수능최저학력기준은 딱히 변하지 않았다. 하지만 여전히 학생들에게는 큰 변수이니 유의하자.

3. 일반 전형 : 학생부종합전형 선발의 정수

일반 전형에는 수능최저학력기준이 없다. 왜? 애초에 필요없기 때문이다. 학생부와 자기소개서를 밀도 있게 평가하는 것만으로도 수능 이상의 철저한 학업 역량 평가가 가능하다는 서울대학교의 근거 있는 자신감이다. 서울대학교는 이미 2000년대 초반부터 학생부 위주 평가 방식을 연구해왔다. 이미 서울대학교의 학생부종합전형을 평가하는 역량은 흠 잡을 데 없는, 교과서 수준이라 해도 무방하다.

그렇다면 학생부에 자신이 있다면 내신의 불리함을 가장 효과적으로 극복할 수 있는 지원 전략이 서울대학교 일반 전형에 지원하는 것일까? 절반만 맞다. 실제로 2.0에서 2.3 사이의 합격자가 간혹 등장하지만 인문 계열이라면 적어도 1점 중반대 이상의 내신을 갖춰야 현실적으로 서울대학교에 지원해볼 수 있다. 애초에 인문 계열에는 서울대학교 이상의 대학이 사실상 존재하지 않는 만큼 가장 우수한 자원이 몰리고 결국 교과 내신 경쟁이 치열해질 수밖에 없음을 잊지 말자.

어쨌든 서울대학교 학생부 평가 방식은 탁월한 만큼 서울대학교가 추구하는 인재상을 살펴보는 것은 서울대학교에 지원하려는 학생이 아니라도 학생부종합전형에 도움이 된다. 이번 기회에 서울대학교 인재상을 자세히 읽어보도록 하자.

서울대학교 인재상

1. 학교교육과정을 성실히 이수하고 학업능력이 우수한 학생
2. 학교생활에서 적극적이고 진취적인 태도를 보인 학생
3. 글로벌 리더로 성장할 수 있는 자질을 지닌 학생
4. 다양한 교육적, 사회적, 문화적 배경과 경험을 지닌 학생
5. 사회적 약자에 대한 배려심과 공동체 의식을 가진 학생

'글로벌 리더'라는 용어는 다소 낯설게 느껴질 것이다. '공동체 의식'처럼 익숙하지만 의미가 추상적이라 온전히 와 닿지 않는 용어도 있다. 이런 용어만 한번 정리해보고 가자. 낯설거나 추상적으로 느껴지는 용어들을 이해하고 받아들이는 데에 큰 도움이 될 것이다.

1) 글로벌 리더

'글로벌 리더'라 하면 다양한 국가의 사람들과 한데 모여 중요한 회의를 이끄는 모습이 상상된다. 크게 다르지는 않다. '글로벌 리더'란 '리더십'의 확장된 형태다. 다양한 인종적, 문화적, 지역적 배경을 가진 사람들과 소통할 수 있는 역량을 갖춘 리더라고 이해하면 좋겠다.

여기서 핵심은 '소통 역량'과 '리더'다. 사실 이 둘은 크게 다르지 않다. 좋은 리더는 자신이 바라보는 방향을 구성원과 공유하고 같은 길을 걸어갈 수 있도록 설득할 능력이 있는 사람이지 자신과 같은 길을 걷도록 강제하는 사람이 아니기 때문이다. 의미로 봐서는 어마어마한 능력이다. 그렇다면 서울대학교는 어떤 활동을 리더십, 혹은 글로벌 리더십을 쌓을 수 있는 활동이라고 제시하고 있을까?

> **서울대학교 인재상에 맞는 활동**
>
> • 학교생활 내에서 구성원 간의 갈등을 조화롭게 해결한다.
> • 수업 중 모둠 과제를 성공적으로 이끌어 수행한다.
> • 토론 활동에서 함께 결론을 이끌어가며 설득력 있게 자기 의견을 주장한다.
> • 동아리 활동에서 부원들을 행복하게 만든다.
> • 모두가 주저할 때 친구들을 독려해 청소를 주도한다.

전혀 대단한 활동이 아니다. 활동 예시에서 보이듯이 서울대학교뿐만 아니라 모든 학생부종합전형은 완성된 학생을 뽑으려고 존재하는 전형이 아니다. 그럴 '가능성'을 가진 학생을 선발하려 하는 것이고, 이를 파악하려고 학생부에 기재된 모든 사소한 내용까지 평가 대상으로 삼는다.

반장, 부반장, 동아리 회장과 같은 직함을 예시로 제안하지 않았음에 주목하자. 특히 어떤 모임의 장 역할을 수행했다는 것을 중요시하는 경우가 많은데 그런 역할을 맡으면 '리더십'을 발휘하기 좋을 뿐이지, 직함 자체가 '리더십'을 부여해주는 활동은 아님을 분명히 알아야 한다.

본인이 예시와 유사한, 인상 깊은 경험을 한 적이 있다면 '글로벌 리더십'을 충분히 갖춘 학생이라 할 수 있다. 이렇게 거창해 보이는 용어라도 사실 그 속을 살펴보면 별것 아닌 경우가 많다. 대부분은 학교생활 속에서 충분히 경험하고 느낄 수 있는 것이니 너무 부담을 가지지 말자.

2) 공동체 정신

'공동체 정신'은 서울대학교에서만 강조하는 특성이라기보다 많은 대학에서 공통적으로 요구하는 인성에 가까운 역량이다. 이번 기회에 한번 제대로 짚고, 정리해보는 것이 좋겠다.

'공동체'는 사실 거창한 개념이 아니다. 아주 작은 단위부터 시작해볼 수 있다. 물론 시작점은 학교다. 당장 수업 시간에 활동을 함께 하는 모둠도 작은 공동체라 할 수 있다. 모둠 활동 중 함께 머리를 맞대고 수행 평가 과제를 하면서 협력의 가치를 배울 수도 있고 모둠장으로서 모둠 토론 활동을 성공적으로 이끌며 리더십을 발휘할 수도 있다.

이제 조금만 더 시야를 넓혀보자. 한 교실의 구성원도 공동체일 수 있다. 더 나아가 한 학교도 공동체일 수 있다. 조금만 더 나아가 아예 지역 사회가 하나의 공동체일 수 있다. 그런데 사실 이 정도가 한계다. 학생들이 실질적으로 관심을 가지고 개선할 수 있는 공동체 크기는 지역 사회 수준이다. 너무 거창하게 생각할 필요 없다. 당장 주변부터 관심을 기울이기 시작해라.

예를 들어 자연 계열 학생이라면 과학 동아리원과 함께 지역사회의 복지관이나 청소년 센터에서 과학실험 봉사 활동을 하는 것도 훌륭한 공동체 정신의 발휘인 셈이다. 물론 이런 예시들을 기계적으로 따르면 오히려 해가 된다. 그보다는 우리 주변 사회를 위해 무엇을 할 수 있을지 스스로 고민해 보자.

02
고려대학교

· 전형분석 ·

전형명	학교추천	일반-학업우수형	일반-계열적합형
선발 방법	교과 성적 80% + 서류평가 20%	(1) 서류평가 100% (2) 1단계 성적 70% + 면접 30%	(1) 서류평가 100% (2) 1단계 성적 60% + 면접 40%
수능 최저	○		X
비고	추천 인원은 고교별 4%	학교추천전형과 동시에 지원할 수 없음	수능최저학력 기준 없음

2022학년을 기점으로 고려대학교는 자기소개서를 폐지하였다. 이는 서강대도 마찬가지이다. 앞으로 이런 변화를 보이는 대학의 수는 늘어날 것으로 예상된다. 또한 일반전형의 경우 1단계 선발 비율이 기존의 5배수에서 6배수로 늘어났다. 앞으로 학교추천 전형은 이전에도 그랬지만 더욱 확고히

학생부교과 전형으로 자리매김하였다. 반대로 일반전형의 경우 면접의 비중이 더욱 높아짐에 따라 정성평가가 강조되는 학생부종합전형의 성격이 더 강화되었다고 평가할 수도 있다. 이런 변화로 인하여 고려대학교를 지원할 학생들의 분포가 크게 달라질 일은 없다. 다만 자기소개서 폐지로 인해 학생들 입장에서는 부담이 크게 줄어든 셈이다.

일반적인 학생부종합전형은 '학업우수형'과 '계열적합형'으로 나뉜다. 선발 방법에는 유의미한 차이가 없다. 대신 '학업우수형'은 학교추천전형과 동시에 지원할 수 없다. 복수 지원을 희망한다면, '학교추천 전형과 계열적합형'을 동시에 지원하거나 '학업우수형과 계열적합형'을 동시에 지원하는 방식이 가능하다.

교과 내신에 자신 있다면 전자의 복수 지원을, 교과 내신에 자신은 없지만 면접에 부담이 없다면 후자의 복수 지원을 택하면 된다.

| 표 1 | **2022학년도 고려대학교 전형별 수능최저학력기준**

전형명	수능최저학력기준
학교추천	**〈인문계〉** 국어, 수학, 영어, 탐구(2개 과목 평균) 4개 영역 중 3개 영역 등급의 합이 5 이내 및 한국사 3등급 이내 **〈자연계(의과대학 제외)〉** 국어, 수학 가, 영어, 과학탐구(2개 과목 평균) 4개 영역 중 3개 영역 등급의 합이 6 이내 및 한국사 4등급 이내 **〈의과대학〉** 국어, 수학 가, 영어, 과학탐구(2개 과목 평균) 4개 영역 등급의 합이 5 이내 및 한국사 4등급 이내

학업우수형	**〈인문계〉** 국어, 수학, 영어, 탐구(2개 과목 평균) 4개 영역 등급의 합이 7 이내 및 한국사 3등급 이내 **〈자연계(의과대학 제외)〉** 국어, 수학 가, 영어, 과학탐구(2개 과목 평균) 4개 영역 등급의 합이 8 이내 및 한국사 4등급 이내 **〈의과대학〉** 국어, 수학 가, 영어, 과학탐구(2개 과목 평균) 4개 영역 등급의 합이 5 이내 및 한국사 4등급 이내

1. 학업우수형 & 계열적합형 : 어떻게 선택해야 할까?

학업우수형은 계열적합형보다 선발인원이 훨씬 많다. 수능최저학력기준도 존재하므로 면접에 대한 부담도 덜할 가능성이 높다(수능최저학력기준을 충족하지 못한 경쟁자들이 배제되기 때문이다). 이 두 가지 지점을 고려해서 본인이 어떤 전형을 지원할지 선택하는 편이 좋다.

첫 번째, 본인이 내신에 충분한 자신이 있는 학생들이다. 이런 학생들은 학교추천전형을 지원하고 계열적합형을 지원하거나, 지원하지 않는 것이 좋다. 유리한 내신을 가졌으면서 학교추천전형 대신 학업우수형을 지원할 이유가 없다.

두 번째, 내신에 자신이 없으면서 수능에 자신이 있는 학생들이다. 고려대학교는 학교추천에서 4퍼센트라는 제법 넉넉한 추천 인원을 두고 있지만 이 추천 인원을 모두 채운 학교는 많지 않다. 이는 추천 인원에 들어도 내신이 객관적으로 높지 않으면 지원에 큰 의미가 없기 때문이다. 이렇게 내신에는 자신이 없는데 수능에 자신이 있다면, (이때 수능에 자신이 있다는 것은 고작 고등학교 2학년 시절 교육청 모의고사를 몇 번 잘봤다는 이야기가 아니다. 최소한 고등학교 3학년 6월 평가원 모의고사를 잘봤냐 하는 얘기다) 무조건 학업우수형을 지원하는 편이 안전하다. 복수 지원을 희망한다면 학업우수형도 지원하고 계열적합형도 지원할 수 있지만, 반드시 1순위는 학업우수형이어야 한다. 같은 이유에서 상대적으로 수능에서 유리한 재수생의 경우 학업우수형을 권한다.

세 번째, 내신에 자신이 없으면서 동시에 면접이 특히 부담스러운 학생들이다. 계열적합형의 경우 선발인원은 적은데 수능최저학력기준이 없는 대신 면접의 비중이 학업우수형보다 높다. 따라서 면접이 더 결정적으로 작용할 가능성이 크다. 여기에 해당하는 학생이라면 계열적합형을 지원하는 게 낫다. 복수 지원을 희망하더라도 1순위는 계열적합형에 놓는 편이 좋다.

마지막으로, 본인의 활동이 특기자에 준할 정도로 탁월하다면, 즉 심층적인 학교 활동에 충실했다면 계열적합형에 지원하는 편이 좋다. 특히 본인의 관심 분야에 대해 연속적인 탐구 활동을 적극적으로 주도한 경험이 있다면 더욱 계열적합형에 지원하도록 하자.

2. 학교추천 : 결국 교과 내신이 핵심이다

본래 학생부교과전형이었던 학교추천 I 은 꾸준히 평균 미만의 경쟁률을 나타냈다. 이 전형이 극상위권 내신을 갖춘 학생들만 지원할 수 있는 교과 위주 전형이었기 때문이기도 하지만 전년도 학교장추천전형의 경쟁률이

5.9:1이었음을 고려하면 매우 낮은 경쟁률이다. 일반고 학생 입장에서는 제법 높은 수능최저학력기준이 부담으로 작용한 결과다.

| 표 2 | **2021학년도 고려대학교 전형별 경쟁률**

구분	총모집인원	지원인원	경쟁률
서울캠퍼스 학생부교과 (학교추천)	1,183	7,520	6.36 : 1
서울캠퍼스 학생부종합 (일반전형-학업우수형)	1,213	13,141	10.83 : 1
서울캠퍼스 학생부종합 (일반전형-계열적합형)	530	7,463	14.08 : 1

따라서 합격자들의 평균 내신은 1.2에서 1.4 사이로 예상되지만 일부 학과에는 의외로 매우 낮은 내신을 받은 합격자들도 있을 것으로 예상된다. 물론 이는 올해 입시를 해석한 것에 불과하다. 그렇다면 내년에는 무엇이 달라질까? 무엇보다도 선발 인원이 대폭 늘어났다. 따라서 내신에 자신 있는 학생이라면 학교추천전형을 지원할 가능성이 매우 높다. 선발인원이 적었을 때는 면접이 결정적인 역할을 수행하는 경우가 많았다. 하지만 이제는 교과 내신이 결정적인 역할을 수행할 가능성이 높다.

03
연세대학교

• 전형분석 •

전형명	학생부종합전형 – 면접형	학생부종합전형 – 추천형
선발 방법	(1) 교과 40% + 비교과, 자기소개서 60% (2) 1단계 성적 60% + 면접 40%	(1) 서류 평가 (2) 1단계 성적 60% + 면접 40%
수능 최저	X	○

1. 학생부종합전형 – 면접형 : 새로운 학교장추천전형

2020학년까지는 학생부교과전형에 종합전형이 가미된 성격의 전형이었다면, 이제부터는 학생부교과전형의 성격이 강화됐다. 이제는 학교장 추천을 요구하는데, 연세대학교가 지향하는 '면접형'이 서울대학교의 지역균형선발전형과 매우 유사해졌음을 의미한다. 따라서 일반고 학생이 면접형을 지원하고자 한다면 높은 교과 내신을 갖출 필요가 있다.

　교과를 반영하는 방식 역시 독특하다. 이전의 학생부교과전형에서는 Z점수만 활용했는데 이제는 50퍼센트는 등급 점수, 50퍼센트는 Z점수를 활용한다. 이를 점수화하는 방식은 아래와 같다.

| 표 1 | **연세대학교 면접형 교과점수 학년별 반영비율**

1학년	2학년	3학년
20%	40%	40%

　학년별 반영비율은 전년도와 동일하다. 즉, 1학년의 비중이 가장 낮다. 따라서 본인이 1학년 때 상대적으로 낮은 3등급대의 등급을 받았다고 지원이 아예 불가능해지는 것은 아님을 명심하자. 이제 구체적으로 계산하는 방식을 살펴보자.

　일단 과목을 반영과목A와 반영과목B로 분류한다. 쉽게 말해 국어, 수학, 영어, 사회, 과학 교과 같은 주요 과목은 반영과목A로, 그 외 과목은 반영과목B로 분류된다. 반영과목B는 그 비중이 30퍼센트에 불과한 점도 있지만 평가 방식이 다르다. 9등급이 아니라면 감점하지 않는다. 즉 주요 과목이 아닌 과목은 9등급만 아니라면 평가에 반영하지 않는다는 의미다. 주요 과목이 아니라도 아예 놓지는 말라는 신호로도 볼 수 있지만 반영과목B에서 큰 감점을 받는 경우는 거의 없다. 따라서 정말 핵심은 반영과목A다. 바로 여기서 Z점수와 등급 점수가 절반씩 반영된다.

| 표 2 | 연세대학교 면접형 교과점수 반영 방식 – Z점수

$$Z = \frac{원점수 - 평균}{표준 편차}$$

먼저 50퍼센트는 Z점수로 계산된다. 단순한 등급 대신 Z점수를 활용하는 것은 더 섬세한 변별이 가능하기 때문이다. '표준편차'라는 표현이 익숙지 않을 텐데, 쉽게 말해 학생들의 점수가 흩어져 있을수록 표준편차의 값이 크다. 더 쉽게 말하자면 비교적 공부를 못하는 일반고는 표준편차가 크고 공부를 잘하는 학교, 주로 특목고, 자사고는 표준편차가 작다. 이는 공부를 잘하는 학생들이 많이 모여 있을수록 점수대가 비슷하기 때문에 자연히 표준편차의 값이 작아진다는 의미다(물론 공부를 못하는 학생만 모인 학교도 표준편차의 값이 작아지겠지만 이런 경우는 드물다).

식을 참고하면 Z점수는 표준편차가 낮을수록 커진다. 하지만 앞에서 설명한 대로 표준편차란 한 학생이 통제할 수 있는 것이 아닌 학교의 특성에 따라 결정되는 것이기 때문에 학생 스스로 그 값을 예측하기는 쉽지 않다. 따라서 반드시 계산해보길 바란다.

| 표 3 | 연세대학교 면접형 교과점수 반영 방식 – 등급 점수

	1등급	2등급	3등급	4등급	5등급	6등급	7등급	8등급	9등급
점수	100	95	87.5	75	60	40	25	15.5	5

나머지 50퍼센트는 단순 등급으로 계산한다. 3등급부터는 치명적인 하락

폭이 발생한다는 점에 주목하자. 주요 과목에 해당하는 반영과목A 중에 버리는 과목이 없도록 모두 신경 써야 한다는 점을 의미한다.

연세대학교 면접형의 교과 평가 방법은 매우 난해하다. 또한 이전 학생부교과전형과 달리 비교과도 평가에 반영되는 만큼 엄밀한 합격선을 잡기가 쉽지 않다. 다만 일반고에서 지원하는 경우 교과 내신이 1.3에서 1.5 사이에 위치하는 경우가 많았음을 기억하자.

이렇게 1단계를 통과한 후에는 40퍼센트라는 매우 높은 비중이 걸려 있는 면접 평가를 마주해야 한다. 주로 제시문 기반 면접을 진행해왔으며 앞으로도 그럴 것으로 판단된다.

2. 학생부종합전형 – 활동우수형 & 국제형 : 정석적인 종합전형

일반적으로 연세대학교의 종합전형을 지원한다면 선택하는 전형이다. 따라서 특별히 설명할 내용이 없다.

2022학년부터 수능최저학력기준이 부활했다. 심지어 제법 높은 편이다. 학생들에게 큰 부담으로 다가올 가능성이 특히 크다. 연세대학교에 대한 최종 지원 여부는 반드시 9월 평가원 모의고사 결과를 토대로 결정하자.

| 표 4 | **연세대학교 학생부종합전형 수능최저학력기준**

전형명	계열	국어, 수학, 탐구 (사회탐구/과학탐구)	영어	한국사
활동우수형	인문 · 사회	국어, 수학 중 1개 과목을 포함하여 2개 과목 등급 합 4 이내	3등급 이내	4등급 이내
	자연	수학을 포함하여 2개 과목 등급 합 5 이내		
	의예/치의예/약학	국어, 수학 중 1개 과목을 포함하여 1등급 2개 이상		
국제형	국제(국내고)	국어, 수학 중 1개 과목을 포함하여 2개 과목 등급 합 5 이내	1등급	

또한 연세대학교는 2021학년도부터 특기자 전형을 대폭 줄였다. 따라서 이전에는 특기자 전형을 지원할 학생들이 이제는 활동우수형과 국제형에 지원할 가능성이 높아졌다. 그만큼 서류평가가 훨씬 더 치열해질 예정이다. 면접의 비중이 높아진 것 역시 같은 맥락으로 서류 평가에서 드러난 활동 내역을 더욱 엄격히 검토하겠다는 의미로 보인다. 하지만 수능최저학력기준이 없다는 것은 분명히 매력적이다. 본인이 수능최저학력기준에 맞출 자신이 없으나 활동과 면접에 자신이 있다면 연세대학교 학생부종합전형에 적극 도전해보자.

04
서강대학교

· 전형분석 ·

전형명	학생부교과(고교장추천)	일반전형
선발 방법	일괄합산 교과 90% + 비교과 10%	일괄 합산 서류 평가 100%
수능 최저	4개 영역 중 3개 영역 등급합 6 이내 (한국사 3,4등급 이내)	X

서강대학교는 2022학년부터 고려대학교와 마찬가지로 자기소개서를 받지 않는다. 오직 학교생활기록부만으로 학생을 선발한다는 얘기다.

1. 수능 최저가 핵심이다

구분은 간단하다. 고교장추천 전형의 경우 추천 전형이기는 하지만 고교별 최대 10명까지 추천이 가능하다는 점에서 딱히 부담스럽지는 않다. 두 전형 모두 공통적으로 제출해야 할 서류는 학생부종합전형뿐이다. 이렇게 생각하자.

본인이 교과 내신에 자신이 있고 수능 최저를 맞출 자신이 있다면 학생부 교과 전형을 중심으로 지원하자. 그렇지 않은 경우에는, 즉 그 대신 본인의 활동 내역에 더 자신이 있다면 일반전형에 지원하자.

05
성균관대학교

전형명	학생부종합전형-계열모집	학생부종합전형-학과모집
선발 방법	일괄합산 서류 100%	일괄합산 서류 100% (단, 의예, 사범대학, 스포츠과학의 경우 면접을 포함한 단계별 평가 시행)
수능 최저	X	

1. 학생부종합전형 : 큰 특징은 없다

정말 특별히 따질 내용이 없다. 두 전형의 평가 방식 모두 동일하다. 요즘에야 계열모집은 '계열 단위'로 선발하고 학과모집은 '학과/학부 단위'로 선발하지만 이 또한 최근의 변화일 뿐 이전에는 그런 구분 없이 선발해왔다. 같은 학과를 계열모집에서도 선발하고 학과모집에서도 선발하는 식이었다.

많은 사람들이 당시 그 두 전형의 차이점을 고민했지만 사실 정말 아무 차이가 없었다. 정말 이름만 다르게 붙였을 뿐이다.

혼란을 줄이고자 '계열 단위'와 '학과/학부 단위'로 구분이 이루어졌지만 이는 결국 이 두 전형이 사실 큰 차이점 없이 평가한다는 점을 시사한다. 애초에 성균관대를 지원하는 학생 대부분은 서울대, 고려대, 연세대를 함께 지망하는 상위권 학생이기에 우수한 학생일 확률이 높다. 결국 성균관대의 현명한 전략이라 할 수 있겠다.

| 표 1 | 2022학년도 성균관대학교 계열모집 VS 학과모집

학년별 반영 비율	계열모집	학과모집
인문과학계열		
사회과학계열		
자연과학계열		
공학계열		
글로벌융합학부		
경영학		
전자전기공학부		
글로벌리더/경제/경영		
교육학		
한문교육		
유학동양학		
국어국문학		
프랑스어문학		
독어독문학		
러시아어문학		

학년별 반영 비율	계열모집	학과모집
한문학		
사학		
철학		
사회학		
사회복지학		
심리학		
아동청소년		
통계학		
영상학		
의상학		
소프트웨어학		
반도체시스템공학		
글로벌바이오메디컬공학		
건축학(5년제)		
의예		
수학교육		
컴퓨터교육		
생명과학		
수학		
물리학		
화학		
건설환경공학부		
스포츠과학		

인문과학계열, 사회과학계열, 자연과학계열, 공학계열은 아래 학과를 포

함하며 2학년에 올라갈 때 학업성적에 따라 [표 1]의 학과나 학부에 들어갈 수 있다.

| 표 2 | **2022학년도 성균관대학교 인재전형 계열**

	학과 / 학부
인문과학계열	유학·동양학, 국어국문학, 영어영문학, 프랑스어문학, 중어중문학, 독어독문학, 러시아어문학, 한문학, 사학, 철학, 문헌정보학
사회과학계열	행정학, 정치외교학, 신문방송학, 사회학, 사회복지학, 심리학, 소비자가족학, 아동청소년학, 경제학, 통계학
자연과학계열	생명과학, 수학, 물리학, 화학, 식품생명공학, 바이오메카트로닉스학, 융합생명공학
공학계열	화학공학/고분자공학부, 신소재공학부, 기계공학부, 건설환경공학부, 시스템경영공학, 나노공학
글로벌융합학부	데이터사이언스, 인포매틱스, 컬처앤테크놀로지

결론적으로 학생부종합전형으로 성균관대학교를 지망한다면 본인이 가고자 하는 학과를 선발하는 전형에 맞춰서 지원하면 그만이다. 특히 최근들어 고려대가 종합 전형 선발인원을 대폭 늘리면서 성균관대학교 종합 전형 합격자가 고려대학교에 중복 합격되는 경우가 잦아졌다. 따라서 충원율이 대폭 늘어났다. 더욱 자신감을 가지고 지원하도록 하자.

06
한양대학교

· 전형분석 ·

전형명	학생부종합전형
평가 방식	학교생활기록부만으로 평가함(수능 면제, 면접 없음) 학업 역량, 전공적합성 50% + 인성 및 잠재력 50%

학생부종합전형 : 1장 정도를 써본다면…

한양대가 학생부종합전형을 운영하며 내린 결론은 자기소개서와 교사추천서, 이 모든 서류가 불필요하다는 것이다. 한양대학교 학생부종합전형은 오직 학교생활기록부로만 학생을 평가해 선발한다. 이 방식이 좋은 방식인지 아닌지는 크게 관심도 없을 테니 별도로 이야기하지는 않겠다(솔직히 정상적인 방식은 절대 아니라고 생각한다. 아무튼 그렇다보니 학생들이 가장 편하게 지원할 수 있는 전형이다. 심지어 수능에 응시하지 않아도 지원에 문제가 없다. 지원 사이트에서 지원 버튼만 클릭하면 끝이다. 그래서 경쟁률도 상당히 높은 편이다). 그보다는 한양대학교가 평가하는 방식을 따져보는 편이 더 현실적이다.

먼저 한양대학교는 학교생활기록부 중 수상경력, 창의적 체험 활동상황, 세부능력 및 특기사항, 행동특성 및 종합의견을 특히 중점적으로 평가한다. 이 안에서 학업 역량, 전공적합성, 인성 그리고 잠재력을 평가하고자 한다 (이 부분은 다른 종합 전형과 크게 다르지 않다. 단, 최근에는 소통 능력을 중시하는 편이므로 참고하자).

'수상경력'과 '세부능력 및 특기사항'에 특히 주목하자. 한양대학교는 학생부 교과 내신은 평가 영역으로 삼지 않는다. 쉽게 말해 내신을 (정말로) 보지 않는다. 교과 내신 그 자체에 집중하다가는 학생의 학업 역량을 폭넓게 바라보기 힘들다는 이유 때문이다. 그렇다면 학업 역량을 어떻게 확인할까? 바로 수상경력과 세부능력 및 특기사항으로 평가한다. 이를 통해 학생의 교과 관련 우수성을 확인한다.

결국 어떤 학생이 지원해보면 좋을까? 시험이라는 형식에 약해서 내신 자체는 마땅치 않지만 교과에 대한 우수성을 관련 경시대회에서 입증해왔고 수행 평가에 성실하게 참여해 세부능력 및 특기사항이 풍부한 학생이라면 기대를 가지고 지원해보길 적극 권한다.

07
중앙대학교

· 전형분석 ·

전형명	지역균형선발	다빈치형인재	탐구형인재
선발 방법	일괄합산 학생부 교과 70% + 서류평가 30%	서류 평가 100%	
수능 최저	○	X	
지원 자격	학교장 추천 필요	학교장 추천 불필요	

1. 지역균형선발전형 : 수능 최저가 핵심이다

비록 교과형으로 분류되어 있지만 신설된 전형이라는 점, 그리고 자기소
개서, 학교생활기록부, 교사추천서를 종합적으로 평가하는 서류 평가가 반
영된다는 점에서 다뤄보려 한다.

교과 내신을 반영하는 방법도 별 특징이 없고 서류 평가도 여타 대학의

평가 방식과 크게 다르지 않다.

결국에는 수능최저학력기준을 충족하는지에 따라 합격 여부가 결정될 가능성이 높다. 주의하자.

| 표 1 | **중앙대학교 수능최저학력기준**

소재	계열	모집단위	영역별 기준		탐구영역 반영 방법	공통
서울	인문	전체	국어, 수학, 영어, 사/과탐	3개 영역 등급 합 6이내	상위 1과목 반영	한국사 4등급 이내
	자연	약학부	국어, 수학 (미적분, 기하 중 택1)	4개 영역 등급 합 5이내		
		약학부 외 전체		3대 영역 등급 합 7이내	2과목 평균 반영	

2. 학생부종합전형 다빈치형 :
균형 있는 인재 = 다 잘하는 인재!

다빈치형은 소위 말하는 균형 인재를 추구한다.

중앙대학교 입학처의 표현을 따르자면, 균형 인재란 교과 역량과 비교과 역량을 균형 있게 갖추고 있는 인재다. 이를 학업 역량, 통합 역량, 탐구 역량, 발전 가능성, 인성 등 다섯 개 역량으로 분류해 평가한다. 다빈치형은 좀 더 노골적으로 말하자면 '다 잘하는 학생'을 원한다.

이를 펜타곤 평가 모형으로 정의하는데, 탐구 역량을 제외하면 나머지 역량은 탐구형인재에도 해당된다(탐구형인재에는 전공적합성이 제외된다). 각각의 역량을 정리해보자. 대부분은 중앙대학교뿐 아니라 다른 대학의 일반적인 학생부종합전형을 지원하는 학생에게도 요구되는 역량들이니 그 방향성 정도는 반드시 익혀두자(이 부분은 꼭 읽어야 한다).

1) 학업 역량

말 그대로 학업 성취도를 의미한다. 물론 산술적인 내신 성적만을 의미하지는 않으며 지원하는 전공과 관련된 교과목의 성적과 전체적인 성적 추이, 심화 과목 선택 여부(이는 탐구 역량과도 어느 정도 닿아 있다) 등을 고려해 종합적으로 평가가 이루어진다. 다만 다빈치형은 학교생활에 충실한 인재, 다시 말해 교과 내신이 탁월한 학생을 더 선호한다. 상대적으로 탐구형인재보다 더 높은 내신을 갖춘 지원자가 많음을 유념하자. 마지막에 전형별 합격자 평균 내신을 첨부하니 확인하자.

2) 통합 역량

창의성과 독창성을 의미한다. 중요한 것은 창의성은 무(無)에서 나오는 것이 아니라는 점이다. 창의성을 발휘하려면 밑바탕이 필요하며 학생의 관점에서 그 밑바탕은 당연히 1차적으로는 수업, 2차적으로는 자발적인 동아리 활동과 독서 등 다양한 연계 활동이다. 책이나 학교에서 주최하는 강연을 듣다가 깨달은 점을 본인의 문제 상황에 적용해 해결한 경험이나 수업 시간에 배운 내용을 토대로 새로운 관점에서 탐구보고서를 작성한 경험이 이에 해당한다. 학교생활기록부만으로는 잘 드러나지 않는 부분인 만큼 자기소개서를 이용해 적극적으로 드러내면 좋다. 이는 탐구형에는 없는 평가 요소이니 특히 주목하자.

3) 탐구 역량

교내 수상실적, 창의적 체험 활동, 세부능력 및 특기사항 그리고 독서 활동에서 주로 드러난다. 다만 어떤 활동을 얼마나 많이 하는지에 너무 집착하지 말자. 또 얼마나 어려운 활동을 했는지도 중요하지 않다. 예를 들어, 얼마나 어려운 책을 읽었는지는 중요하지 않다. 특히 다빈치형 합격자는 한 가지 분야를 깊게 파고들어 활동하기보다 다양한 활동에서 자신의 역량을 드러내는 경우가 더 많다. 학교생활에 적극적으로 참여하고 스스로 궁금한 부분을 파고드는 모습을 보여줄 필요가 있다. 궁금한 것이 있다면 선생님께 찾아 가서 조언도 구하고, 탐구보고서도 작성하고, 추가적인 활동을 더 해보고 싶다면 자율동아리에 가입하거나 직접 설립해보는 등의 과정이 자연스럽게 이루어진다면 자신도 모르게 '고민을 거쳐 성장해나가는 모습'이 완성돼 있을 것이다. 그렇다면 탐구 역량 역시 자연스럽게 쌓여 있을 것이다.

4) 발전가능성

발전가능성은 어떤 특정 활동이 부여하지 않는다. 결국 학생 스스로 어떤 문제를 고민해보고 매달려보고 해결해본 경험이 있는지 묻는 것이기 때문이다. 쉽게 말해 자신의 부족한 점과 문제 상황에서 어떻게 대응했는지, 이를 극복하려고 어떤 '주도적인/적극적인' 노력을 했는지를 의미한다. 이는 매우 다양한 상황에서 드러날 수 있다. 예를 들어 하락한 내신이라는 문제 상황을 해결하려고 방과후학교 프로그램을 수강하고 친구와 소모임을 만든 것도 단순하지만 주도적인 문제 해결 방식이라 할 수 있다. 발전가능성도 학교생활기록부만으로는 드러내기 힘든 만큼 자기소개서로 잘 드러낼 필요가 있다.

5) 인성

인성은 아주 나쁘기도 힘들고 아주 좋기도 힘들다. 따라서 인성은 착하고 나쁘냐로 변별되는 것이 아니다. 학교, 교실, 동아리라는 공동체 안에서 어떻게 다른 사람과 관계를 맺고 그 안에서 발생하는 문제 상황에 어떻게 대응했는지를 보고자 한다. 주로 자기소개서 2번 문항에서 가장 뚜렷하게 드러난다.

이 다섯 가지 영역이 각각 20퍼센트의 비중을 차지한다. 그만큼 균형 있는 평가를 지향하는 전형이 바로 다빈치형이라 할 수 있다.

3. 학생부종합전형 탐구형인재 : 얼마나 파고들어 봤니?

탐구형 인재에서는 지망하는 전공과 관련된 깊이 있는 관심과 열정을 높이 평가한다. 그렇기에 평가 요소로 통합 역량 대신 전공적합성이 추가되며 그 평가의 비중 역시 달라진다.

| 그림 1 | **중앙대학교 학생부종합전형 탐구형인재 평가 모델**

그림에서 보듯 탐구 역량과 전공적합성에 더 높은 비중을 두며 발전가능성과 인성에 낮은 비중을 둔다. 즉, 공동체 안에서 어떤 관계를 맺는지보다 관심을 가지고 있는 분야를 얼마나 적극적으로 파고들어 봤는지를 더 중시하는 전형이라는 의미다. 그렇다면 다빈치형에서 새로 추가된 전공적합성 정도만 살펴보자.

1) 전공적합성

말 그대로 전공에 대한 관심을 의미한다. 이는 매우 다양한 형태로 드러날 수 있다. 예를 들어 앞에서 학업 역량을 설명할 때도 언급했지만 심화 과목을 이수했는지 여부에서도 드러날 수 있고 방과후학교 프로그램, 자율동아리 활동, 탐구보고서 등을 통해서도 드러날 수 있다. 다빈치형이 학교생활에 얼마나 충실히 참여했는지를 중요시했다면 탐구형은 본인이 지망하는 분야의 관심사를 학교생활에서 어떻게 다양하게 보이고 해결해 왔는지를 중요시한다고 생각하면 된다.

마지막으로 두 전형의 공개된 최신 합격자 평균 내신을 확인해보자. 물론 3년 정도 시간이 흘러 상황이 달라지기는 했지만 이것을 기준점으로 생각해도 큰 문제가 없을 것이다.

학과별 다빈치형 VS 탐구형 학생부종합전형 합격자 평균 내신

	다빈치형 합격자	탐구형 합격자
인문대학	2.24	3.75
사회과학대학	2.00	3.18
체육교육과	2.38	—
경영경제대학	2.03	3.24
간호학과(인문)	2.25	4.44
간호학과(자연)	2.02	2.62
자연과학대학	2.12	2.37
공과대학	2.06	3.12
창의ICT공과대학	2.14	2.78
생명공학대학	3.36	4.08
의과대학	2.71	—
사범대학	1.96	3.39
산업보안학과(자연)	—	2.42

08

경희대학교

• 전형분석 •

전형명	네오르네상스전형	고교연계전형
선발 방법	(1) 서류 평가 100% (2) 1단계 성적 70% + 면접 30%	일괄합산 서류 평가 70% + 교과 내신 30% (학교장추천필요)
수능 최저	○	

1. 네오르네상스전형 : 구체적인 인재상이 있다

경희대학교는 학생부종합전형에 적극적이고, 평가도 모범적으로 하려고 노력하는 좋은 대학이다. 따라서 평가 방식도 선명하므로 잘 알아둘 필요가 있다.

경희대학교를 대표하는 학생부종합전형은 역시 네오르네상스전형이다. 이 전형에서 가장 먼저 눈에 들어오는 특징은 요구하는 인재상이 별도로 있다는 점이다.

| 표 1 | 네오르네상스전형 지원 자격의 변화상

2016 지원 자격	리더십·봉사인재	문화인재	과학인재	국제화인재
현재 지원 자격		문화인	창조인	세계인
추구하는 가치	폐지	문화·예술적 소양 공동체 정신 다양성 인정 책임 있는 교양인	수학, 과학 탐구력/재능 융복합 분야를 개척하는 전문인	외국어능력 공동체 정신 평화를 추구하는 세계시민

특정 전형에 맞는 구체적인 인재상을 이런 식으로 제시하는 경우는 드물다. 모집요강을 보면 이 중 하나에 해당해야 한다고 하지만 다른 인재상 역시 어느 정도 고려하고 의식하는 편이 좋다.

2. 고교연계전형 : 교과 기반의 추천 전형

경희대학교의 추천 전형이다. 고교별로 인문 계열에 2명, 자연 계열에 3명, 예체능 계열에 1명까지 추천할 수 있다. 네오르네상스전형과 마찬가지로 개별 인재상이 있다. 대부분 명칭은 비슷하지만 요구하는 내용이 다소 다르다. 직접 확인해보자.

① 문화인재 : 풍부한 독서와 교과 외 활동을 통한 입체적 사유능력, 토론 및 글쓰기 능력, 문화·예술적 소양을 고루 갖춘 학생

② 글로벌인재 : 외국어 능력, 세계 문제에 대한 관심과 활동 등을 기반으로 '지속 가능하고 공평한 세계'를 만드는 데 기여하고자 하는 학생

③ 리더십인재 : 전교학생(부)회장, 학급(부)회장, 동아리(부)회장 등 리더십 활동, 팀워크에 기반한 사회 현장 활동을 통해 '더 나은 사회(공동체)' 건설에 헌신하고자 하는 학생

④ 과학인재 : 주제탐구, 과제연구, 탐험, 발명, 창업 등 창의적 도전정신과 과학적 사고력이 남다른 학생

문화인재는 문화인, 글로벌인재는 세계인, 과학인재는 창조인과 관련 있다. 다만 고교연계전형 인재상의 경우는 강조한 부분처럼 학교생활 안에서 가능한 구체적인 예시를 들고 있다.

이는 고교연계전형 자체가 학교생활을 충실히 한 학생을 선발하고자 하기 때문이다. 네오르네상스전형 지원자 역시 이를 참고하면 도움이 된다.

교과 내신이 반영되는 방식 역시 중요하다. 지원한 계열에 따라 반영되는 과목이 다르기 때문에 주의할 필요가 있다.

| 표 2 | 경희대학교 고교연계전형 교과 성적 반영 방식

인문 계열	국어, 수학, 영어, 사회 전 과목
자연 계열	국어, 수학, 영어, 과학 전 과목
예·체능 계열	국어, 영어 전 과목

3. 경희대학교 입학상담솔루션 활용법

경희대학교는 대학 중 학생부종합전형 관련 정보를 가장 투명하게 공개하는 대학이다. 경희대학교 입학상담솔루션(http://consult.mncapro.co.kr/solution/khu)에 접속하면 최근 3개년 입시 결과를 구체적으로 확인할 수 있다. 여기서 모집인원, 지원자, 경쟁률, 추가합격은 직관적인 자료라 별도의 해석이 필요 없겠지만 최초+추가합격자 학생부 등급 분포도는 한번 제대로 살펴보면 좋겠다. 여기서는 공개된 자료가 갱신되지 않아 부득이하게 이전 자료를 살펴보겠다.

| 그림 1 | **경희대학교 네오르네상스전형 경영학과 3개년 최초 + 추가합격자 학생부 등급 분포도**

최종적으로 합격한 학생의 내신 분포를 상세하게 볼 수 있다. 특히 2017년도에는 합격자 분포가 훨씬 넓어졌음을 알 수 있다. 교과 내신의 약점을 학교생활의 다른 측면으로 보충한 지원자가 많아졌음을 의미한다. 그렇다고 내신이 6점에 가까운 학생에게 지원을 권하지는 않는다. 이는 '예외적인 사례'에 해당하기 때문이다. 그렇다면 일반적인 수준에서 기준점을 어디에 두어야 할까?

합격자가 가장 많이 쏠려 있는 지점을 보자. 이 지점의 평균이야말로 실질적인 합격자 평균 내신이라 할 수 있다. 이 부분을 기준으로 했을 때 그보다 내신이 좋다면 비교적 편한 마음으로 지원해도 될 듯하다. 그보다 내신이 나쁘다면 학교생활의 다른 측면으로 본인의 역량을 보완할 필요가 있다.

| 그림 2 | **경희대학교 고교연계전형 경영학과 3개년 최초 + 추가합격자 학생부 등급 분포도**

고교연계전형은 교과 전형의 성격이라 네오르네상스전형과 달리 합격자의 내신 등급이 한 군데로 쏠려 있음을 알 수 있다.

09
서울시립대학교

· 전형분석 ·

전형명	학생부종합전형
평가 방식	1단계) 서류 평가 100% 2단계) 1단계 성적 50% + 면접 50%
수능 최저	X

1. 학생부종합전형 : 모집단위별 인재상

서울시립대는 모집단위별로 구체적인 인재상을 제시하고 있다. 그 인재상 안에 구체적인 핵심 가치가 담겨 있으므로 참고하자.

| 표 1 | 서울시립대학교 학생부종합전형 학과별 핵심 가치

모집단위	평균 내신	핵심 가치
행정학과	2.5	기초교과 성취도, 사회 문제와 공동체 가치에 대한 관심이 높고 사회현상에 대한 분석적, 비판적 사고력을 바탕으로 자신의 미래를 적극적으로 개발하려는 의지가 강한 학생, 원활한 의사소통 능력과 갈등에 대한 이해 및 조정 능력을 갖춘 학생
국제관계학과	1.95	외국어 및 사회교과의 성취도가 우수한 학생, 국제평화 등 국제사회문제(남북관계, 국제평화 등)에 관심이 많은 학생, 봉사정신이 있는 학생
경제학부	1.99	다양한 분야의 경제 문제에 관심이 많고 수학적 소양이 우수한 학생, 정보화 적응력 및 분석적 사고를 바탕으로 혁신과 창의성이 뛰어나며 글로벌 마인드, 적극적인 리더십이 있는 학생, 공동체 의식을 바탕으로 협동정신과 봉사정신이 뛰어나고 높은 윤리 의식을 가진 학생
사회복지학과	2.75	다양한 분야의 사회복지 문제에 관심이 많은 학생, 지식·정보를 유연하고 비판적으로 활용할 줄 알며 창의적이고 리더십이 있는 학생, 의사소통 능력과 원활한 대인관계 형성 및 유지 능력이 있는 학생
세무학과	2.26	법학·경제학·경영학에 고르게 관심이 많은 학생, 통합적 사고 능력을 바탕으로 여러 학문의 융합적 사고를 할 수 있는 학생, 창의적이고 공익에 대한 높은 윤리의식을 가진 근면한 학생
경영학부	2.17	수리적 분석력과 정보 활용 능력, 외국어 능력이 우수한 학생, 논리적 사고력을 갖추고 창의적인 문제해결안 제시가 가능하며 도전정신을 가진 학생, 사회통합형 리더십과 팀워크 능력, 올바른 기업윤리 정신에 대한 이해와 시민의식을 가진 학생
영어영문학과	2.2	기초교과 성취도가 우수하고 특히 영어 및 국어의 성취도가 우수한 학생, 영어 능력을 바탕으로 영미문학, 영어학 및 영미문화에 관심과 열정이 있고 창의력과 사고력을 갖춘 학생, 의사소통 능력과 타인에 대한 공감과 배려, 자신과 다른 의견에 대한 포용력이 뛰어난 학생

모집단위	평균 내신	핵심 가치
국어국문학과	2.28	한국어문학 소양이 우수한 학생, 언어 능력과 문학적 감수성을 지닌 학생, 의사소통 능력과 봉사정신을 갖춘 학생
국사학과	2.32	역사 관련(한국사, 동아시아사, 세계사) 교과 및 언어 영역(국어, 영어) 교과 성취도가 우수한 학생, 역사적 사고 능력과 사료 해석 능력을 갖춘 학생, 협업 능력과 창의력을 겸비한 학생
철학과	2.27	합리적 사유와 도덕적 행위의 기초가 되는 학습 능력과 외국어 학습 능력, 문헌 독해 능력을 갖춘 학생, 다양한 사회문제를 이해하는 통찰력과 비판적 사고력을 바탕으로 논리적이고 창의적인 탐구가 가능한 학생, 건전한 시민윤리의식, 협동 능력, 다양한 언어 및 문화차이를 이해하고 소통할 수 있는 글로벌 역량을 갖춘 학생
중국어문화학과	1.89	기초교과의 성취도가 우수하고 특히 국어 및 역사 교과의 소양이 뛰어난 학생, 비판적 사고와 통찰력을 바탕으로 중국의 문화와 사회에 대해 관심이 큰 학생, 텍스트를 이해해 환경에 맞게 해석할 수 있으며 자신의 의견이나 생각을 명확하고 설득력 있게 설명할 수 있는 학생
도시행정학과	2.48	외국어 및 사회교과에 대한 성취도가 우수하고 자기주도적 학습 역량을 갖춘 학생, 도시 및 사회현상을 다양한 관점에서 이해하는 분석력을 갖춘 학생, 도전정신 및 소통과 통합 역량 진취적 리더십과 봉사정신을 갖춘 학생
도시사회학과	2.84	전 교과에서 균형 있는 성취도를 보이며 문제해결 능력이 뛰어난 학생, 사회현상에 대한 객관적 관찰력을 갖추고 창의적 · 도전적 문제 제기가 가능한 학생, 동아리활동, 팀프로젝트, 토론과 실습을 통한 학습 등에 적극적인 학생
전자전기컴퓨터공학부	2.17	수학과 기초과학에 대한 지식이 풍부하고 전공 이수에 필요한 외국어 능력을 갖춘 학생, 전자전기컴퓨터 공학기술에 대한 탐구심이 강하고 창의적인 학생, 다양한 의견들을 통합하여 결정을 내리는 능력이 있으며 성실히 공부하는 학생

모집단위	평균 내신	핵심 가치
화학공학과	1.79	기초 과학 및 수학 교과목에 대해 깊은 소양을 갖춘 학생, 공학적 응용에서 요구되는 창의적이고 분석적인 사고력을 겸비한 학생, 타인과 공동목표를 위해 협동하는 능력 및 다양한 의견들을 통합할 수 있는 리더십을 갖춘 학생
기계정보 공학과	1.67	수학 및 기초과학에 대한 학업성취도가 높고 외국어 역량을 갖춘 학생, 기계 및 정보 과학기술에 흥미가 높으며 창의적인 사고력이 있는 학생, 높은 윤리의식과 원활한 대인관계를 유지하는 학생
신소재공학과	1.7	기초교과(수학, 물리, 화학) 및 외국어 성취도가 우수한 학생, 전공에 대한 흥미와 창의성, 학업적 열의가 강한 학생, 의사소통능력을 갖춘 학생
토목공학과	2.78	공학이수를 위한 기초교과(수학, 물리, 화학, 지구과학) 성취도가 우수한 학생, 전공에 대한 흥미와 창의성 및 학업 열의가 강한 학생, 사회 전반에서 발생하는 여러 문제들에 대한 이해도가 높고 문제해결 의지가 강한 학생
컴퓨터 과학부	2.3	수학, 기초과학에 대한 지식 및 외국어능력을 갖춘 학생, 창의적이고 자기주도적인 문제해결 능력을 갖춘 학생, 봉사정신, 의사소통 능력 및 협동 능력을 갖춘 학생
수학과	1.94	수학 및 과학 교과의 성취도가 우수하고 외국어 능력을 갖춘 학생, 수리 논리적 사고 능력을 바탕으로 수학적 탐구심과 창의성이 있는 학생, 성실하고 의사소통 능력을 갖춘 학생
통계학과	2.08	• 전문성 : 통찰력과 합리적인 사고를 바탕으로 수리적인 지식을 쌓은 학생 • 창의성 : 새로운 아이디어를 바탕으로 변화와 혁신을 추구하며 창의적으로 공부하는 학생 • 협동성 : 열린 마음으로 소통하고 배려하여 합리적인 결과를 도출하는 능력을 갖춘 학생
물리학과	1.84	수학, 과학의 성취도가 우수한 학생, 자연현상의 근본원리에 대한 호기심과 탐구심이 강한 학생, 성실하고 협동심이 있는 학생
생명과학과	1.9	기초과학교과의 성취도가 우수한 학생, 생명현상의 원리에 대한 관심이 많고 과학적 소질을 가진 학생, 성실하고 창의성이 있는 학생

모집단위	평균 내신	핵심 가치
환경 원예학과	2.71	과학관련 교과(생명과학, 화학)가 우수한 학생 환경원예분야(환경, 생태, 식물)에 대한 관심이 높고 과학적 소질을 가진 학생 긍정적인 사고를 가지고 자신에게 주어진 일에 최선을 다하는 학생
건축 (건축공학)	2.6	건축공학 분야에 대한 흥미와 학업적 열의가 강한 학생, 창의성과 실천력을 갖춘 인재로 발전가능성이 높은 학생, 의사소통 능력이 있고 성실히 공부하는 학생
건축 (건축학)	2.17	과학과 사회 교과에 대한 지식과 외국어 능력을 갖춘 학생, 건축 및 디자인 전반에 대한 관심과 창의성 및 기획력을 갖춘 학생, 협력과 의사소통 역량 및 리더십을 갖춘 학생
도시공학과	1.9	기초교과 성취도가 우수한 학생, 도시문제와 공익에 대한 관심이 많고 기획력을 갖춘 학생, 의사소통능력, 창의적 리더십을 갖춘 학생
교통공학과	2.65	기초교과(수학, 물리, 영어) 성취도가 우수한 학생, 사물과 현상에 대한 수학적·과학적 사고력이 뛰어난 학생, 의사소통능력 및 높은 윤리의식을 가진 학생
국사학- 도시역사 경관학전공	3.34	기초교과 성취도가 우수한 학생으로 역사 관련(한국사, 동아시아사, 세계사) 교과 성취도가 우수한 학생, 역사와 도시문화에 관심이 많고 융합적인 사고가 우수한 학생, 협업능력과 융합적 창의력이 우수한 학생
철학- 동아시아 문화학 전공	—	합리적 사유와 도덕적 행위의 기초가 되는 학습 능력과 외국어 학습 능력, 문헌 독해 능력을 갖춘 학생, 동아시아 문화 전반에 대하여 관심을 가지고 있고 다양한 사회문제를 이해하는 통찰력과 비판적 사고력을 바탕으로 논리적이고 창의적인 탐구가 가능한 학생, 건전한 시민윤리의식, 협동 능력, 다양한 언어 및 문화차이를 이해하고 소통할 수 있는 글로벌 역량을 갖춘 학생
국제관계학 -빅데이터 분석학전공	1.93	외국어 및 사회교과의 성취도가 우수하고 수학, 통계, 소프트웨어에 관심이 있는 학생, 국내·외 정치문제(남북관계, 국제평화 등)에 관심이 많은 학생, 봉사정신이 있는 학생

모집단위	평균 내신	핵심 가치
도시사회학 -국제도시 개발학전공	1.85	외국어 능력이 뛰어나고 전교과에서 균형 있는 성취도를 보이는 학생, 세계질서 및 국제사회현상에 대한 객관적 관찰력을 갖추고 창의적·도전적 문제 제기가 가능한 학생, 동아리 활동, 팀프로젝트, 토론과 실습을 통한 학습 등에 적극적인 학생
생명과학- 빅데이터 분석학전공	2.34	기초과학 및 수학과목의 성취도가 우수한 학생 생명현상의 원리를 수리통계적으로 분석하는 데 관심이 많은 학생 성실하고 창의성이 있는 학생
조경- 환경생태 도시학전공	3.3	환경생태적으로 지속가능한 도시에 관심이 많고, 수학(통계), 영어, 과학(물리, 화학), 사회(경제, 지리) 교과 성취도가 우수한 학생, 환경과 공간 문제에 대한 비판적 사고력이 우수하며, 통찰력과 기술활용 능력을 향상시킬 의지가 있는 학생, 의사소통 능력이 우수하고 사회관계 능력과 갈등해결 능력을 갖춘 학생
물리학- 나노반도체 물리학전공	—	수학, 과학의 성취도가 우수한 학생, 첨단기술에 대한 탐구심이 강하고 적극적인 학생, 공동체 발전 및 팀워크를 통한 문제 해결을 중시하는 학생
도시공학 -국제도시 개발학전공	—	기초교과 성취도가 우수한 학생, 도시문제와 공익에 대한 관심이 크고 기획력 및 글로벌 마인드를 갖춘 학생, 의사소통 능력, 창의적 리더십을 갖춘 학생
도시공학- 도시부동산 기획경영학 전공	—	기초교과 성취도가 우수한 학생, 도시문제와 공익에 대한 관심이 크고 기획력 및 창의성을 갖춘 학생, 의사소통 능력, 갈등해결 능력 및 창의적 리더십을 갖춘 학생
조경학과	2..97	기초 교과 성취도가 우수한 학생, 환경과 조경에 대한 관심과 학업 열의가 강하며 과학적 사고와 예술적 소양을 바탕으로 창의력을 갖춘 학생, 의사소통 능력이 우수하며 공익에 대한 의식을 바탕으로 사회적 리더십을 갖춘 학생

모집단위	평균 내신	핵심 가치
환경공학부	2.17	환경문제에 대한 내재적 동기부여가 있으며, 기초 학문(물리, 화학, 생명과학)을 기반으로 공학적 응용 및 문제해결 능력을 겸비한 학생, 주어진 문제에 대한 창의적이고 비판적 사고력을 겸비한 학생, 타인과의 신뢰를 바탕으로 배려와 양보를 실천하며, 스스로에 대한 가치를 인정할 수 있는 학생
공간정보 학과	3.36	수학과 물리, 지구과학, 지리과목에 대한 지식이 풍부하고, 전공이수에 필요한 소프트웨어 및 외국어 능력을 갖춘 학생, 공간정보 분야에 대한 높은 관심을 바탕으로 분석적 사고력과 창의성을 지닌 학생, 의사소통 능력과 갈등해결 능력이 있는 학생
스포츠 과학과	3.09	기초교과 성취도가 우수하며 외국어 능력을 갖춘 학생, 체육 실기 능력이 뛰어나고 도전정신과 적극적인 사고 및 창의적 사고를 갖춘 학생, 스포츠를 통한 복지실현 및 봉사정신을 갖춘 학생

서울시립대는 면접 비중이 비교적 높은 편이다. 다만 2018학년까지는 면접평가가 100퍼센트를 차지했다면 2019학년을 기점으로 50퍼센트로 줄어들었다. 또한 2022학년도에는 40퍼센트로 줄어들었다. 이는 곧 대학 입장에서 만족스러운 면접이 이루어지지 않았음을 의미한다. 그러니 면접에 너무 큰 부담을 갖지 마시라! 기본 이상만 하면 된다.

10
이화여자대학교

· 전형분석 ·

전형명	고교추천전형	미래인재전형
선발 방법	(일괄합산) 교과 80% + 면접 20%	(일괄합산) 서류 100%
수능 최저	X	○

1. 고교추천전형 : 면접 있는 교과전형

학생부종합전형이라기보다는 학생부교과전형에 더 가깝다. 독특한 점은 면접이 포함된 일괄 합산 전형이라는 점이다. 즉 일단 지원하면 무조건 면접에 참여해야 한다. 이는 고려대 등 대학이 추천 전형을 대폭 늘린 여파다. 중복으로 합격하는 학생이 늘어나서 충원해야 하는 경우가 역시 많아졌기 때문이다. 하지만 단계별 평가를 시행한다면 1단계에서 선별이 먼저 이루어지기 때문에 충원하기가 힘들어진다. 이화여자대학교처럼 일괄 합산으로 학생을 선발한다면 충원하기가 더 용이해진다. 따라서 이화여대를 지망하는 학생이라면 올해 역시 충원율이 높을 것으로 예상되는 만큼 부담 없이 지원해보길 권한다.

고교추천전형은 여대인 만큼 당연히 여학생만 지원 가능하다. 여학생에게는 아주 좋은 기회라 할 수 있다. 아래 합격자 내신 역시 참고하자.

| 표 1 | 이화여대 고교추천전형 합격자 평균 내신

인문계	자연계
1.5	1.6

결론적으로 만약 본인의 내신이 1점 중후반대 이상이며 이화여대를 우선순위로 생각한다면 고교추천전형을 고려하자. 이 전형을 특히 강조하는 또 다른 이유는 일선 학교가 이 전형의 존재를 모르는 바람에 학생들이 이 전형을 지원하지 못한 사례를 정말 많이 봤기 때문이다. 잘 활용하도록 하자.

2. 미래인재전형 : 사라진 면접

미래인재전형은 이화여대의 유일한 정성 평가 방식 학생부종합전형이다. 특이한 점이라면 제법 까다로운 수능최저학력기준을 두고 있다는 점이다. 즉, 최종 합격하려면 수능최저학력기준이 당연히 중요하다.

또한 고교추천전형과 마찬가지로 일괄 합산 방식으로 평가 방식이 바뀌었다. 역시 충원을 더 용이하게 하려는 조치다. 또한 이 과정에서 면접이 아예 사라졌다. 면접이 부담인 학생에게 좋은 소식이다. 그 외 서류 평가 방식은 여타 대학과 동일하다. 학교생활기록부, 자기소개서, 추천서를 고려해 종합적인 평가가 이루어진다.

| 그림 1 | **이화여대 미래인재전형 합격자 평균 내신**

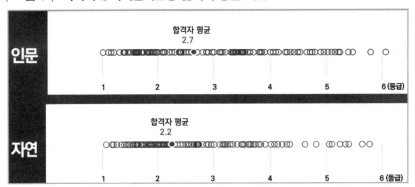

미래인재전형은 학생부종합전형인 만큼 합격자의 내신 등급 분포가 넓은 편이다. 다만 일반고 지원자라면 적어도 1점 후반대에서 2점 초반대 사이의 내신을 맞추는 편이 좋다.

마지막으로 수능최저학력기준을 확인하자.

| 표 2 | **2022학년도 이화여대 미래인재전형 수능최저학력기준**

인문계열 : 3개 영역 등급합 6 이내
자연계열 : 3개 영역 등급합 5 이내
의예 : 4개 영역 등급합 5 이내
스크랜트학부(인문 · 자연) : 3개 영역 등급합 5 이내

교육대학교는 초등교사라는 한정된 진로를 목표로 한다는 한계가 있지만 최근의 '취업난'과 맞물려 비교적 임용이 쉽다는 이유로 대폭 경쟁률과 합격선이 높아졌다. 하지만 최근 서울 지역의 임용 계획 인원이 급감하는 등 악재가 등장하면서 상승세는 주춤할 것으로 보인다. 하지만 서울 지역을 고집하는 것이 아니라면 여전히 매력적인 선택지이기에 지금 수준의 경쟁률은 지속될 것으로 보인다. 특히 자연계열 학생 중에서도 내신 경쟁이 심함에도 불구하고 교대를 지망하는 학생이 꽤 많다. 교대에서도 이런 자연계열 학생들을 고려해서 가산점을 부여하는 경우가 있다. 그래서 가산점을 주는 교대만 이번에 정리해보겠다. 2022학년을 기준으로 교대는 선발 인원의 50퍼센트 이상을 수시로 선발한다. 일반 대학과 비교하면 수시로 선발하는 비중이 적다고 볼 수도 있다. 하지만 수시 중 80퍼센트 이상을 종합 전형으로 선발한다는 점에서 주목할 점이 많다. 그리고 교대의 경우 모집 요강을 정확히 확인하는 것이 중요하므로 반드시 최종 모집요강을 확인하자.

01
서울교육대학교

· 전형분석 ·

교직인성우수자전형	사항인재추천전형	학교장추천전형
단계별 평가 방식 1단계) 서류 평가 2단계) 1단계 성적 50% + 면접 50%		1단계) 교과 성적 평가 2단계) **1단계 성적 90%** **+ 면접 10%**
수능최저학력기준 국어, 수학, 영어, 탐구(사탐/과탐) 4개 영역 등급합이 9이내(단, 수학 가와 과탐을 선택한 경우 4개 영역의 합이 11등급 이내), 한국사 4등급 이내	**수능최저학력기준** X	**수능최저학력기준** 국어, 수학, 영어, 탐구(사탐/과탐) 4개 영역 등급합이 9이내(단, 수학 가와 과탐을 선택한 경우 4개 영역의 합이 11등급 이내), 한국사 4등급 이내
지원 자격 없음	**지원 자격** 교사 2인의 추천 필요	**지원 자격** 없음(학교장 추천제도가 있지만 고교별 추천 인원에 제한이 없다). 고등학교 졸업예정자 지원 가능
성비 제한 X		

1. 교직인성우수자전형

서울교육대학교의 가장 대표적인 수시 전형으로 학생부종합전형이다. 2017학년도에 사향인재추천전형이라는 흥미로운 전형이 신설되었지만 교사 두 명의 추천을 받아야 하며 수능최저학력기준이 없다는 점을 제외하고는 교직인성우수자전형과 다르지 않으며 선발 인원도 30명에 불과하기에 따로 다루지 않겠다. 전형 간 복수 지원이 불가능하므로 수능최저학력기준을 정말로 충족할 자신이 없는 경우가 아니고서야 교직인성우수자전형으로 지원하는 것이 일반적이다.

1단계 서류 평가 방식은 우리가 앞에서 배운 학생부종합전형의 전형적인 정성 평가 방식이다. 이렇게 3배수를 선발한 후 2단계에서 1단계 서류 점수를 50퍼센트 반영하고 면접 50퍼센트를 더해 최종 선발이 이루어진다. 이렇게 면접 비중이 매우 큰 방식은 교대 대부분의 특징이기도 하다. 미래의 초등 교사를 선발하는 만큼 면접으로 인성과 가치관, 사회성 등을 확인하고자 함일 것이다.

| 표 1 | **교대 주요 인재상**

교직 인성	•교사로서 지녀야 할 사명감, 헌신, 사회공헌의지 •편견이나 고정관념에서 벗어난 긍정적이고 수용적인 태도 •학교폭력 상황 대응 및 처리 능력과 이후 인식변화 등
교직 적성	•교직 진로선택에 대한 동기, 교직 관련 활동의 지속성과 열정 •창의적 사고 능력, 문제발견 및 문제해결 능력 •리더로서의 자질, 대인관계 능력, 자기성찰 능력 등
교직 교양	•교직과 관련된 지식의 활용을 통한 논리적이고 공감적인 표현 능력 •의사소통 능력 등

교대가 요구하는 인재상은 앞의 3가지로 정리할 수 있다. 꼭 서울 교대를 지원하는 경우가 아니라도 일반적인 인재상이니 이를 참고하도록 하자. 이때 서류 평가에서 중요한 두 가지는 바로 교직 인성과 교직 적성이고 특히 중요한 것이 '교직 인성'이다. 교직 교양은 정확히 말하면 면접고사에서 중요하게 평가하는 요소라고 보는 것이 타당하다.

서류 평가에서는 자기소개서와 학교생활기록부를 통해 '왜 교사가 되려 하는지 그 계기와 교사가 되는 데 중요한 어떤 역량을 갖추고 있고 그 역량을 어떻게 계발해왔는지'(교직 적성)를 보여주고 '교사에게 필요한, 다양성을 포용할 줄 아는 마음, 공동체 정신, 배려 정신, 협동 정신, 나눔 정신 등을 얼마나 갖추고 있는지'(교직 인성)를 제대로 표현하는 것이 중요하다.

서울교대에서만 요구하는 인재상도 물론 따로 존재한다. '헌신적 인재'(공동체 의식, 인문학적 소양), '개방적 인재'(글로벌 역량), '전문적 인재'(종합적 사고력, 지식정보처리 역량), '도전적 인재'(리더십, 창의적 사고 역량, 자기관리 역량)가 이에 해당한다. 서울교대는 일반적인 교대와 달리 다양한 역량을 우대한다. 예를 들어 '글로벌 역량'에 집중해 외국어 특화 교사를 목표로 한다든지, '종합적 사고력'에 집중해 통합적 역량을 갖춘 과학 전문 교사를 목표로 한다든지가 가능하겠다.

서울교대는 수시의 모든 전형에서 성비를 제한하지 않는다. 다만 이공 계열 학생을 우대하는 경향이 있으니 참고해두자. 이는 수능최저학력기준에서 드러난다. 수학 가와 과학탐구를 선택했다면 4개 영역 합 11등급만 맞춰도 된다(이전에는 10등급이었는데 이를 11등급으로 조정한 것은 영어가 절대 평가로 되었다는 사실과 함께 고려했을 때 엄청난 우대임을 알 수 있다).

합격자들의 내신은 대부분 1.4등급에서 1.9등급 사이에 분포돼 있다. 다만 최근에 경쟁률이 급상승하고 있는 만큼 교과 내신을 점점 더 많이 요구할 것으로 예상된다.

2. 학교장추천전형

학교장추천전형은 학생부교과전형에 해당하기 때문에 내신의 중요성이 강조된다. 학년별 가중치, 과목별 가중치 없이 모든 과목을 일률적으로 평가한다.

| 표 2 | 서울교대 학교장추천전형 교과목별 등급점수 계산법

	1등급	2등급	3등급	4등급	5등급	6등급	7등급	8등급	9등급
점수	8	7	6	5	4	3	2	1	0

표처럼 정량 평가다. 합격선은 매우 높다. 비록 면접 비중이 다소 증가하기는 했지만 앞으로도 합격자 평균 내신은 1.05에 수렴할 것으로 예상된다. 사실상 1.1 정도가 컷이라고 볼 수 있다.

02
한국교원대학교

· 전형분석 ·

학생부종합우수자

평가 방식
1단계) 서류 평가 100%(교과 성적 25% + 서류 종합 평가 75%)
2단계) 1단계 성적 80% + 면접 20%

수능최저학력기준
초등교육과 : 없음
체육교육과 : 국어(수학), 영어, 탐구 영역 등급합 9 이내
그 외 학과 : 국어, 수학, 영어, 탐구 영역 등급합 13 이내

    한국교원대는 교사 양성을 목적으로 하는 국립대로 초등 교사뿐 아니라 모든 교육 관련 학과를 보유하고 있다. 학생부종합전형으로는 학생부종합 우수자가 있다.

1. 학생부종합우수자

수시에서 가장 많은 인원을 선발하는 전형으로 수능최저학력기준이 복잡하므로 제대로 알아두도록 하자. 또한 초등교육과가 아닌 모집단위에 지원한다면 자연계열 학생에게 가산점을 주므로 잘 활용하자.

| 표 1 | 한국교원대학교 학생부종합우수자 수능최저학력기준 가산점 제도

모집단위	가산점 반영 영역	가산점
물리, 화학, 생물, 지구과학, 가정	수학 가형	수능최저학력기준 계산 시 등급 합에 1등급 상향함.
기술, 컴퓨터, 환경	과학 탐구	

서류 평가는 전형적인 학생부종합전형 방식을 따른다. 합격자들의 평균 내신은 1.4에서 1.5 정도로 예상된다.

면접은 개별 면접인데 일반적인 방식으로 10분 동안 이루어진다. 이전의 경우를 보면, 면접실에 입실하기 전에 10분 동안 문항에 대한 답변을 정리, 작성할 수 있는 시간이 주어진다. 그 후 입실하여 3분 동안 발표할 수 있다. 발표에 대한 질의응답이 3분 동안 진행되며 마지막으로 자기소개서와 학교생활기록부를 토대로 학생의 활동에 대한 질의응답이 4분 동안 이루어진다. 확실한 교사관을 가지고 면접에 임한다면 대부분 좋은 평가를 받는다. 또한 면접 비중이 낮기 때문에 면접에서 좋은 결과를 얻지 못했는데도 합격한 경우가 많다.

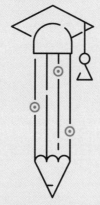

대치동 입시컨설턴트가 알려주는
2022, 2023 자소서 작성비법

2021년 현 고3, 고2에게 적용되는
대입자기소개서 양식에 맞추었다!

PART 6

주요대학 합격자의
자기소개서 정밀 분석

" ——————————————

신유형편 : 자기소개서 양식이 바뀔 때마다 많은 혼란이 따른다. 기존 양식에 맞춘 자기소개서 사례로는 도움을 받지 못하는 친구들이 많기 때문이다. 이에 독자들이 쉽게 이해할 수 있도록 최신 사례를 추가했고, 이 사례를 '2022학년도 신 양식에 맞춘다면 어떻게 쓸 수 있을지' 저자가 예상해 '신유형편'을 추가했다. 신유형편에서 기존의 자기소개서가 어떻게 변화하는지 보면서 스스로 자신의 사례를 어떻게 사용할지 생각해 보면 좋다.

심화편, 일반편 : 더하여 심화 지식을 얻거나 심도 있는 학습을 보조하려고 동아리 활동을 하는 학생도 있겠지만 반대로 동아리가 관심의 시작이 되는 친구도 있을 것이다. 그래서 단순히 사례로만 볼 것이 아니라 어떤 맥락에서 이런 자기소개서가 나왔는지를 알 수 있어야 한다. 따라서 자기소개서만 달랑 제공하지 않고 '심화편', '일반편'에서는 학생들의 학생부와 활동 정리 목록을 제공해 맥락을 전달하고 상세히 해설하고자 했다.

—————————————— **"**

01
신유형편

고려대학교 생명과학부
(경희대 동시 합격)

2020학년도 일반전형, 서울 일반고등학교

이 학생은 생명과학2 과목을 수강하지 않았는데 상위권 대학의 생명계열에 진학하고자 해서 다소 어려움이 있었던 학생이다. 내신은 3등급대 초반으로 그렇게 좋지 않았으나 고려대학교에 합격했다. 부족한 생명과학에 대한 계열적합성과 지적 호기심을 채우려고 노력한 과정이 돋보이는 학생으로, 특히 지적 호기심이 부족한 학생들이 새로운 자기소개서 유형에 어떤 점을 중점적으로 담아야 하는지를 위주로 보면 좋다.

자기소개서

01

재학기간 중 학업에 기울인 노력과 학습 경험에 대해,
배우고 느낀 점을 중심으로 기술해 주시기 바랍니다.(1,000자 이내)

❶ 생명과학1에서 세포막에 대해 배우며 세포막은 인지질 및 단백질 분자로 구성된 얇고 구조적인 인지질 이중층으로 되어 있으며, 선택적인 투과가 가능한 반투과성이 있음을 배웠습니다. 반투과성 막이 어떤 곳에 쓰이는지 궁금해 찾아보던 중 신장이상 환자들에게 투석하는 데에도 반투과성 막이 사용됨을 알았고, 인공세포를 만들 때도 이 반투과성 막을 구현하는 것이 중요한 일임을 알았습니다. 특히 세포를 인공적으로 만드는 일이 치매, 암 등 다양한 질병을 예방하거나 치료하는 데에 중요하다는 것을 배웠는데, ❷ 의학만큼이나 생명공학과 생명과학적 연구의 성과가 질병을 치료하는 데 결정적인 역할을 한다는 것을 알게 돼 생명공학 중에서도 세포생물학, 세포공학분야에 더 많은 관심을 갖게 됐습니다.

이후 생물 중에서도 세포에 대한 구체적인 호기심을 해결하고자 ❸ 3학년임에도 저뿐 아니라 생명과 화학에 관심이 있는 친구들을 모아 각자 자신이 관심 있는 구체적 분야를 탐구하는 동아리 활동을 기획했습니다. KOCW에서 분사세포생물학 강의를 찾아 들으며 기본적인 세포의 구조부터 세포막에 대한 현대적 이론까지 심화된 내용을 들으며 학습했습니다. 그러던 중 ❹ 세포의 신호와 응답 단원에서 밀착연접은 서로 이웃한 세포막이 융합된 부위를 나타내는데, 특히 체내에서 일어나는 유해물질의 세포 간 물질 이동을 막는 한 사례에 호기심을 가져 실제 사람에게 인공세포막과 자연적인 세포막을 넣었을 때 거부반응이 일어나지 않는지를 미리 테스트 해보며 〈인공세포막과 세포의 튜링테스트〉라는 탐구를 진행했습니다. 최근에는 DNA 컴퓨팅 등과 같이 컴퓨터 공학 분야와 생명과학이 융합해서 탐구한다는 것을 스크랩을 통해 알게 됐는데, 실제로 두 분야가 융합됐을 때 시너지가 발생할 수 있음을 배웠고 세포에 대해 더 많은 지식을 습득할 수 있었습니다.

❺ 세포를 중심으로 하는 탐구로 꾸준히 과학 과목에서 우수한 성적을 거둘 수 있었고, 과학발표탐구대회에서도 좋은 성과를 얻었습니다. 하지만 무엇보다 시간을 갖고 관심 있는 분야를 오랫동안 깊이 탐구하는 학자적 자세를 배울 수 있었습니다.

📝
분석포인트

❶ 구체적인 호기심이 생기게 된 배경을 생명과학1이라는 학교 교육과정 내의 교과목에서 끌어내고 있다. 실제로 이 일이 계기가 되었는지 그렇지 않았는지는 중요치 않고 지적 호기심을 드러낸 사례가 있다면 이를 교과목과 연결 짓는 것이 평가의 관점에서 더 유리하다는 점을 확인할 수 있다.

❷ 호기심이 확장되는 과정을 보여주고 있다. 활동이 단순히 계기와 과정 그리고 결과물에서 끝나는 것이 아니라 다른 활동으로 연결되는 부분을 보여준다.

❸ 두 가지 포인트가 중요한데, 이 표현을 통해 첫째로, 평가자에게 발전 가능성을 어필할 수 있다. 단순히 주어진 것에 만족하는 것이 아니라 뭔가 필요하다고 느끼면 능동적으로 움직이는 사람임을 보여주려는 의도다. 발전 가능성은 이렇게 실패와 극복에서만 드러나는 것이 아니라 스스로 없는 것을 만들고 찾아서 하는 모습에서 잘 드러낼 수 있다. 둘째로는 협력을 보

여줄 수 있다. 협력은 모든 인성 평가의 기본이므로, 활동 과정에서 혼자 한 것이 아니라면 드러내 주는 것이 유리하다.

❹ 연구의 구체적 내용에 대한 언급이다. 간혹 구체적인 내용을 굳이 써야 하는지 의문을 갖는 학생이 있는데, 면접이 있는 대학을 지원한다면 이런 구체적인 포인트를 작성하고 답변을 잘 연습해 가면 실제 면접 문제로 나왔을 때 평가자에게 사실 확인을 시켜줌은 물론 심화적 지식까지 보여줄 수 있어 매우 유리해진다. 따라서 짧더라도 구체적인 내용은 작성하는 편이 아직까지는 바람직하다고 본다.

❺ 성과와 느낀 점을 언급하고 있는 부분이다. 성과는, 특히 수상은 우리가 선택해서 제출하는 수상이 왜 의미 있고, 어떻게 받게 된 것인지 자소서에서 반드시 드러나야 한다.

02

고등학교 재학기간 중 본인이 의미를 두고 노력했던 교내 활동을 배우고 느낀 점을 중심으로 3개 이내로 기술해 주시기 바랍니다. 단, 교외 활동 중 학교장의 허락을 받고 참여한 활동은 포함됩니다.(1,500자 이내)

❶ 모발의 형질에 따른 펌의 용이성에 대한 보고서는 기존에 없는 실험을 실행하고 결론지어 본 경험입니다. 화학을 공부하며 펌과 염색에 산화와 환

원을 이용함을 알게 됨으로써 교과 과정에 없는 모발이 궁금해졌습니다. 이에 평소에 관심이 있었던 모발의 종류에 따라 펌이 잘되는지 그렇지 않은지에 대한 실험을 기획했습니다. ❹ 우선 펌의 원리를 먼저 탐색했습니다. 펌은 시스틴결합을 이용하는 것이었는데 화학 과목에서 다루지 않은 내용이지만 논문 등의 자료를 통해 자연 상태의 모발에 물리적, 화학적 방법을 가해 모발의 구조나 형태를 변화시켜 오랫동안 지속되는 웨이브를 형성시키는 것임을 이해할 수 있었습니다. 또 실험 과정에서 주어진 매뉴얼이 없어서 모발을 어떻게 분류해야 할지, 모발의 형질적 특성은 무엇이 있는지 등 다양한 기초적 기준을 스스로 설정했으며, 반복적으로 시행하면서 오차를 줄여가며 실험했습니다. 이를 통해 20대 남성의 직모가 가장 펌에 유리함을 알아냈고, 새로운 발견을 하고자 새로 기획해 탐구하는 탐구적 끈기를 배웠습니다.

❷ ○○○○○ 탐구반은 실험에서 필요한 리더십을 가르쳐줬습니다. 1학년 때는 주로 선배들의 수업을 들으며 실험을 따라서 진행했는데, 2학년이 되면서부터 동아리 연구원으로서 직책을 맡아 실험을 직접 기획하고 후배들을 이끌어야 했습니다. 어떤 실험을 할지부터 고민이었는데, ❺ 1학년 때 다양한 실험을 하며 실험 기구의 사용법과 시행 오차에 대한 이해가 부족해 고생했던 것이 기억났습니다. 후배들은 저와 달리 사용법이나 오차를 익히고 2학년이 되면 좋겠다는 생각에 참고서를 찾아보며 비타민 C 적정실험을 선정했습니다. 이후 실험을 준비하면서는 실험 과정에서 생길 수 있는 문제를 탐구하며 왜 지시약은 페놀프탈레인을 써야 하는지 등 혼자 실험할 때보다 상세한 준비를 했습니다. 이후 실험을 성공적으로 진행했고, 분석과정에서 화2의 몰농도, 질량-농도 환산 등을 어려워하는 후배에게 설명해줬고, 이때 연구를 리딩하는 과정에서는 꼼꼼함과 문제를 미리 찾아보고 대비하는 리더십이 필요함을 배웠습니다.

❸ 미적분2 발표는 수학을 생물에 사용하는 법을 배울 수 있었습니다. 화1 시간에 X선에 대해 배워 X선 촬영은 친숙했는데, ❻ 드라마에서 CT라는 것

을 보며, 단층으로 촬영한 사진이 어떻게 입체가 되고 영상이 되는지 궁금했습니다. 이에 CT의 원리를 탐구했습니다. 탐구하다가 한 대학에서 발표한 수리생물학 관련 자료를 찾았고, 여기서 X선 촬영한 단층 정보를 사이노그램이란 그래프로 나타내고, X선이 많이 흡수돼 무언가 있는 곳은 하얗게, 없는 곳은 검게 표시해 시각화하고, ❼ 이를 처리하는 데 푸리에 변환의 일종인 라돈 변환을 사용해 X선의 투과량을 평면에 표시할 수 있게 바꾸는 수학적 과정이 있음을 알았는데, 푸리에 변환이 무엇인지 궁금해 다시 탐구했습니다. 이를 통해 불규칙한 함수를 sin, cos과 같은 정현파 함수로 바꾸는 과정을 배웠고, 실용적이지 않을 거라고 생각하던 초월함수의 미적분이 생물에서도 매우 중요한 개념임을 깨달아 수학에 더 관심을 갖게 됐습니다.

📝
분석포인트

❶❷❸ 각각의 활동을 통해 내가 보여주고자 하는 가치를 명확히 하고 있다. 첫 번째를 통해서는 자연계열 진학자에게 반드시 필요한 실험 능력, 둘째는 협력과 리더십, 지식을 나누고 활용할 수 있는 모습, 세 번째에서는 학생의 단점이던 수학 성적을 만회할 수 있도록 수학을 통해 문제를 해결한 경험을 부각시키고자 했다.

❹ 구체적으로 실험 중 어떤 어려움을 극복했는지, 각각의 과정에서 어떤 고민을 했고 무엇을 깨달았는지 전달해서 사실적으로 보일 수 있도록, 생동감을 넣었다.

❺ 왜 해당 실험을 선정했는지 고민 과정을 길게 전달해 실험을 이끄는 지위에 있는 사람으로서 어떤 고민을 했는지 보여줬다. 이를 통해 리더십을 부각시키고자 했다.

❻ 호기심이 발생한 계기를 솔직하고 구체적으로 적어서 인위적으로 보이지 않도록 노력했다. 호기심의 계기가 없으면 활동을 위한 인위적인 호기심처럼 보이는 경우가 많으므로, 호기심의 계기가 명확하다면 그대로 써 주는 것이 좋다.

❼ 과학 용어를 굳이 서술하고 있다. 자소서 1번과 마찬가지로 면접 때 질문받기 좋은 포인트이니 제대로 준비한다면 면접에서 득점할 수 있는 기회가 된다.

03

학교 생활 중 배려, 나눔, 협력, 갈등 관리 등을 실천한 사례를 들고, 그 과정을 통해 배우고 느낀 점을 기술해 주시기 바랍니다.

(1,000자 이내)

❶ 3년 동안의 경험은 다양한 상황에 필요한 소통법을 가르쳐 줬습니다. 멘토멘티는 상대를 배려하는 소통을 가르쳐 줬습니다. 1학년 때 학급에서 진행한 멘토멘티 활동에서는 친구가 모르는 문제를 짧은 쉬는 시간 내에 해결해 주어야 했고, 설명해 주었음에도 불구하고 친구에게 의문점이 남아 있을 때면 다시 천천히 설명해 주어야 했기 때문에 활동을 시작한 초반에는 어려움이 많았습니다. 하지만 설명하는 활동을 몇 차례 반복하다 보니, 신속한 문제해결력을 기를 수 있었고 친구가 이해할 때까지 끊임없이 설명하고, ❷ 나의 상황보다 상대의 이해도와 상황을 고려를 해가며 소통하는 방법을 배울

수 있었고 덕분에 좋은 교우 관계를 유지했습니다. 또 후에 과학자가 돼 다양한 발표를 할 때도 청중을 고려해 제가 알고 있는 것을 설명해야겠다는 다짐도 할 수 있었습니다.

　1학년 때 진행했던 한국사 토론은 논리적 소통을 가르쳐 줬습니다. 희망자끼리 팀을 꾸리고 주제를 정하고 토론했는데, '위정척사파와 개화파 중 어느 쪽이 나라를 위한 방법인가?'라는 꽤 심도 있는 주제로 토론을 진행해야 했기 때문에 여름방학 동안 30페이지가량의 보고서를 쓰며 철저히 배경 지식을 공부해 토론에 임했습니다. 여름 방학 때 일주일에 한 번씩은 정기적으로 만나 국립도서관에 가서 도서를 빌려 자료 조사를 충분히 했습니다. 그 후 상대방을 설득시킬 수 있는 근거를 확립한 후 입론, 반론, 최종 변론 등의 말하기 연습도 충분히 하고 토론에 참여했습니다. 토론을 준비할 때는 같은 팀 내에서조차 근거로 내세울지 말지에 대한 의견이 분분해서 객관적으로 어느 근거가 타당할지에 대한 검토를 충분히 했던 것 같습니다. ❸ 그 결과 수업 시간에 상대팀의 주장을 반박하며 토론에서 승리할 수 있었고, 후에 학자가 돼 제 논문을 가지고 상대방과 논쟁하고 논리를 관철하고자 할 때 상대의 주장과 내 논리에 대해 철저히 근거 조사를 해야 함을 배울 수 있었습니다.

📋

분석포인트

❶ 3번에서 진행될 얘기를 압축적으로 전달하고 있다. '소통' 능력에 대한 이야기가 진행될 것임을 평가자로 하여금 미리 예측하도록 한 것이다. 특히 2022학년도부터 적용되는 양식은 '공동체 기여'로 문항이 변화한 만큼 주제의 폭이 더 넓어져 본인이 어떤 이야기를 하고자 하는지 첫 문장에서 더 명확히 전달해야만 한다.

❷ 느낀 점을 상세히 서술하고 있다.

❸ 단순히 의사소통 능력뿐 아니라 논리적으로 사고하는 능력이 있음을 어필하고 있다. 새로운 자기소개서 유형에서는, 다른 사례를 통해서도 보여주겠지만, 자소서 문항이 줄어들고 학생부 기재가 줄어드는 만큼 인성 말고도 반드시 다른 평가 요소를 보여줄 수 있어야 한다.

04

해당 모집단위 지원 동기를 포함하여
고려대학교가 지원자를 선발해야 하는 이유를
기술해 주시기 바랍니다.(1,000자 이내)

❶ 서울 내에 있는 대학병원에 견학을 가는 진로체험 활동에서 다양한 병동을 돌아다니며 의사와 연구원을 만날 수 있었습니다. 서로 질병을 해결하고자 하는 의지를 가지고 토론하는 모습을 보며 연구를 좋아하는 저는 이런 직업을 갖고 싶다는 생각에 생명공학연구원을 꿈으로 삼게 됐고 생명공학(생명과학)과에 지원했습니다.

❷ 연구자라면 본인의 관심 분야에 대한 체계화된 지식이 근간을 이루고 있어야 한다고 생각했고, 이를 위해서 교과 시간 외의 시간에는 과학 서적을 읽어야겠다고 생각해 1학년 1학기와 2학기에 본교에서 실시한 독서○○○에 적극적으로 참여해 희망전공 관련서적(과학) 총 10권을 읽고 독후활동카드를 성실하게 작성했습니다. 단순히 지식만 습득하는 게 아니라 다양한 책을 읽으며 새로운 호기심을 갖는 경험을 하고 이를 모발 탐구 등 실험이나 교

과 시간의 세포발료 등 탐구보고서로 연결하기도 했습니다. 또 2년간 꾸준히 진로진학비전 과학캠프에 참여해 뇌과학의 응용 분야에 대한 강연회를 들었습니다. 때로는 연구자로서 필요한 리더십을 기르기도 했는데, 2학년 1년 동안 1학년 부원의 탐구 보고서를 피드백해 주고 약품실 관리, 동아리 실험 운영 및 관리를 총괄했습니다. ❸ 이런 노력을 통해 고대에서 선발하고자 하는 개척하는 지성, 정의로운 리더, 지혜로운 리더, 창조적 인재라는 인재상과 맞게 성장했다고 생각하므로 이에 고대 역시 저를 선발해야 한다고 생각합니다.

❹ 이후 고대에 간다면 이런 노력을 더 확장시켜 대학교의 교과요목인 세포생물학을 더 깊이 있게 공부하고 싶다는 욕심이 생겼습니다. 세포 내에서 조절되는 다양한 유전자 발현 및 유전정보전달, 세포분열조절 그리고 세포생리학적 분야를 탐구함으로써 향후에 세포막에 대한 연구를 더 진행하고 싶습니다. 특히 인공 세포막을 얼마나 더 자연 세포막에 근접하게 개발해낼지에 대한 고민을 차차 해나가서 현재 암 같은 질병을 겪고 있는 환자에게 도움을 주는 결과를 내고 싶습니다.

📝

분석포인트

❶ 대학별 문항은 주로 꿈을 꾼 계기를 쓰며 시작하는데, 무엇보다 진로의 성숙도를 보여주려면 아주 어릴 적 얘기보다는 고교 기간 중 겪은 활동이 내 꿈을 어떻게 바꿨는지, 혹은 내 꿈을 어떻게 더 심화적으로 이해하도록 만들었는지 등으로 연결해 쓰는 것이 바람직하다.

❷ 꿈을 이루고자 본인이 노력한 점을 쓰는 것인데, 실제로 꿈을 이루려고 노력한 부분이라는 것이 매우 모호하다. 본인이 앞선 문항에서 쓰지 않은

활동을 언급하면서 꿈을 이루는 데 필요한 요소와 연관해 주면 된다.

❸ 대학들은 지원자를 대학이 선발해야 하는 이유를 물어보는 경우가 있다. 이 문항에서 보통 저자는 고려대의 경우처럼 그 대학의 인재상을 간단히 언급하면서 내가 뽑혀야 함을 주장하도록 제안한다.

❹ 계획을 언급하고 있다. 계획은 안 써도 되지만, 굳이 쓴다면 막연하게 쓰기보다 대학의 프로그램, 대학원 등을 구체적으로 조사해 쓰는 것이 좋다.

자소서 구유형 1, 2번을 통합해 2022학년도 신유형 1번으로 바꾼다면?

01
고등학교 재학기간 중 자신의 진로와 관련하여 어떤 노력을 해왔는지 본인에게 의미가 있는 학습경험과 교내활동을 중심으로 기술해 주시기 바랍니다. (띄어쓰기 포함 1,500자 이내)

'인공세포막 연구'는 호기심을 협력을 통한 심화적 탐구로 연결한 경험입니다. 비록 생명2는 듣지 못했지만 뒤늦게 갖게 된 생명과학에 대한 관심을 해결하고자, 3학년임에도 저뿐 아니라 생명과 화학에 관심이 있는 친구들을 모아 각자 자신이 관심 있는 구체적 분야를 탐구하는 동아리 활동을 기획했습니다. KOCW에서 분사세포생물학 강의를 찾아 기본적인 세포의 구조부터 세포막에 대한 현대적 이론까지 심화적인 내용을 들으며 학습했습니다. 그러던 중 세포의 신호와 응답 단원을 보면 밀착연접은 서로 이웃한 세포막이 융합된 부위를 나타내는데 특히 체내에서 일어나는 유해물질의 세포 간 물질 이동을 막는 한 사례에 호기심이 생겨 실제 사람에게 인공 세포막과 자연적인 세포막을 넣었을 때 거부반응이 일어나지 않는지를 미리 테스트 해보며 〈인공세포막과 세포의 튜링테스트〉라는 탐구를 진행했습니다. 최근에는 DNA 컴퓨팅 등과 같이 컴퓨터 공학 분야와 생명과학이 융합돼 탐구된다는 것을 스크랩을 통해 알게 됐는데, 실제로 두 분야가 융합됐을 때 시너지가 발생할 수 있음을 배웠고, 세포에 대해 더 많은 지식을 습득할 수 있었으며, 과학탐구발표대회에서도 우수한 성적을 거뒀습니다.

모발의 형질에 따른 펌의 용이성에 대한 보고서는 기존에 없는 실험을 실행하고 결론지어 본 경험입니다. 화학을 공부하며 펌이 염색 산화와 환원을 이용함을 알게 돼, 교과 과정에 없던 모발이 궁금해졌습니다. 이에 평소에 관심이 있었던 모발의 종류에 따라 펌이 잘되는지 그렇지 않은지 실험을 기획했습니다. 우선 펌의 원리를 먼저 탐색했습니다. 펌은 시스틴 결합을 이용하는 것이었는데 화학 과목에서 다루지 않은 내용이지만 논문 등의 자료를 조사해 자연 상태의 모발에 물리적, 화학적 방법을 가해 모발의 구조나 형태를 변화시켜 오랫동안 지속되는 웨이브를 형성시키는 것임을 이해할 수 있었습니다. 또 실험 과정에서 주어진 매뉴얼이 없어서 모발을 어떻게 분류해야 할지, 모발의 형질적 특성은 무엇이 있는지 등 다양한 기초적 기준을 스스로 설정하며, 반복적인 시행을 통해 오차를 줄여 가며 실험했습니다. 이를 통해 20대 남성의 직모가 가장 펌에 유리함을 알아냈고, 새로운 발견을 하고자 새로 기획해 탐구하는 탐구적 끈기를 배웠습니다.

미적분2 발표는 수학을 생물에 사용하는 법을 배울 수 있었습니다. 화1 시간에 X선에 대해 배워 X선 촬영은 친숙했는데, 드라마에서 CT라는 것을 보며, 단층으로 촬영한 사진이 어떻게 입체가 되고 영상이 되는지 궁금했습니다. 이에 CT의 원리를 탐구했습니다. 탐구하다가 한 대학에서 발표한 수리생물학 관련 자료를 찾았고, 여기서 X선 촬영한 단층 정보를 사이노그램이란 그래프로 나타내고, X선이 많이 흡수돼 무언가 있는 곳은 하얗게, 없는 곳은 검게 표시해 시각화하고, 이를 처리하는 데 푸리에 변환의 일종인 라돈변환을 사용해 X선의 투과량을 평면에 표시할 수 있게 바꾸는 수학적 과정이 있음을 알았는데, 푸리에 변환이 무엇인지 궁금해 다시 탐구했습니다. 이를 통해 불규칙한 함수를 sin, cos과 같은 정현파 함수로 바꾸는 과정을 배웠고, 실용적이지 않을 거라고 생각하던 초월함수의 미적분이 생물에서도 매우 중요한 개념임을 깨달아 수학에 더 관심을 갖게 됐습니다.

우선 구유형 2번 자소서를 기반으로 하되, 리더십이나 협력 관련 내용은 제외시켰다. 리더십이나 협력보다는 옛날 유형 1번에서 보여주던 지적 호기심이 주된 내용이 돼야 하기 때문이다. 따라서 1번의 주요 내용이던 탐구를 중요한 부분만 발췌해 활동 중 가장 첫 번째로 쓰고 리더십 내용이었던 동아리 내용을 제외시켰다.

02

고등학교 재학기간 중 타인과 공동체를 위해 노력한 경험과

이를 통해 배운 점을 기술해 주시기 바랍니다. (띄어쓰기 포함 800자 내외)

원리와현상 탐구반은 실험에서 필요한 리더십을 가르쳐줬습니다. 1학년 때는 주로 선배들의 수업을 들으며 실험을 따라서 진행했는데, 2학년이 되면서부터 동아리 연구원으로서 직책을 맡아 실험을 직접 기획하고 후배들을 이끌어야 했습니다. 어떤 실험을 할지부터 고민이었는데, 1학년 때 다양한 실험을 하며 실험 기구의 사용법과 시행 오차에 대한 이해가 부족해 고생했던 것이 기억났습니다. 후배들은 저와 달리 사용법이나 오차를 익히고 2학년이 되면 좋겠다는 생각에 참고서를 찾아보며 비타민 C 적정실험을 선정했습니다. 이후 실험을 준비하면서는 실험 과정에서 생길 수 있는 문제를 탐구하며 왜 지시약은 페놀프탈레인을 써야 하는지 등 혼자 실험할 때보다 상세한 준비를 했습니다. 이후 실험을 성공적으로 진행했고, 분석과정에서 화2의 몰농도, 질량-농도 환산 등을 어려워하는 후배에게 설명해줬고, 이때 연구를 리딩하는 과정에서는 꼼꼼함과 문제를 미리 찾아보고 대비하는 리더십이 필요함을 배웠습니다.

1학년 때 진행했던 한국사 토론은 논리적 소통을 가르쳐 줬습니다. 희망자끼리 팀을 꾸리고 주제를 정하고 토론했는데, '위정척사파와 개화파 중 어느 쪽이 나라를 위한 방법인가?'라는 꽤 심도 있는 주제로 토론을 진행해야 했기 때문에 여름방학 동안 30페이지가량의 보고서를 쓰며 철저히 배경 지식을 공부해 토론에 임했습니다. 여름 방학 때 일주일에 한 번씩은 정기적으로 만나 국립도서관에 가서 도서를 빌려 자료 조사를 충분히 했습니다. 그 후 상대방을 설득시킬 수 있는 근거를 확립한 후 입론, 반론, 최종 변론 등의 말하기 연습도 충분히 하고 토론에 참여했습니다. 토론을 준비할 때는 같은 팀 내에서조차 근거로 내세울지 말지에 대한 의견이 분분해서 객관적으로 어느 근거가 타당할지에 대한 검토를 충분히 했던 것 같습니다. 그 결과 수업 시간에 상대팀의 주장을 반박하며 토론에서 승리할 수 있었고, 후에 학자가 돼 제 논문을 가지고 상대방과 논쟁하고 논리를 관철하고자 할 때 상대의 주장과 내 논리에 대해 철저히 근거 조사를 해야 함을 배울 수 있었습니다.

1번에서 작성하지 않은 리더십 내용은 오히려 3번에 공동체에 기여한 사례로 소개해서 리더십을 보여주는 활동으로 작성했다. 자기소개서 작성 분량이 줄어든 만큼 새로운 2번 문항은 하나의 활동으로 연결해 쓰기보다는 여러 활동을 엮어서 쓰고, 하나의 모습뿐 아니라 위의 사례처럼 리더십+소통 등 지적 능력 외의 여러 가치를 보여주는 문항으로 써야 한다.

연세대학교 화학생명공학과

2021학년도 학교활동 우수자전형, 비서울 일반고등학교

　내신은 1점 초반대였으나, 과학중점학교였는데 과학중점을 선택하지 않아 핸디캡이 있었던 학생이다. 또한 이로 인해 활동이 다소 부실했던 부분이 있었고, 평가자에게 그럼에도 불구하고 지적 호기심, 심화적 지식을 가지고 있음을 어필하기 위해 노력한 점이 돋보이는 학생이다. 지방 일반고에서 활동이 적은 경우 이 사례에서 깊이 있음을 어필하려면 어떻게 노력하는지, 이번에 바뀐 유형에서는 지적 호기심이 어느 정도의 비중을 차지해야 하는지 살펴보면 좋겠다.

자기소개서

01

고등학교 재학 기간 중 학업에 기울인 노력과 학습 경험에 대해 배우고 느낀 점을 중심으로 기술해 주시기 바랍니다.(1,000자 이내)

❶ 저는 3년간 호기심을 해결하기 위해 현실적 제약을 극복하고 발전하는 과정을 즐겼습니다. 화학적 원리를 공부하는 것은 즐거웠으며 더 생생하게 공부하고자 화학실험반에 주도적으로 참여했습니다. 화학실험반에서는 화학 정원 만들기 등 다양한 실험을 할 수 있었는데 보다 더 일상적인 곳에서 화학이 어떻게 쓰이는지 알고자 음료 속 비타민C의 양을 측정하는 실험을 했습니다. 실험에서는 아이오딘화 이온을 산화시켜 만들어진 요오드를 통해 비타민 C를 산화시키고 지시약으로는 녹말용액을 사용해 모든 비타민C가 소비되고 나면 요오드가 녹말지시약과 반응해 청색의 아이오딘-녹말 착물을 형성하게 하는 요오드 적정법을 사용했습니다. 이를 통해 실제로 캔에 기재된 비타민C의 양과 실제 측정값이 유사함을 확인했고, 스스로 가설을 세워보기도 했습니다. ❷ 화학적 지식이 실제 현실에서 적용된다는 사실을 몸소 느끼며 과학 지식에 대한 흥미와 색다른 즐거움을 느낄 수 있었습니다.

때때로 호기심은 도서관에서 해결되기도 했습니다. ❸ 화학2에서 이상기체상태방정식을 공부하면서 실제 기체와 이상 기체가 다르고 이상기체만이 이 상태방정식을 만족한다는 설명을 들으며 실제 기체에 적용할 수 있는 상태방정식이 있는지 궁금했습니다. 교과서에는 이 내용이 나오지 않았고, ❹ 도서관에 가서 〈일반화학〉책을 읽으며 반데르발스 방정식이 실제 기체의 상태를 나타내는 식임을 알아냈습니다. 생소한 용어와 상수들이 나와 어려웠지만 원리부터 파악하고 근본을 이해하고자 노력했습니다. ❺ 실제로 저뿐 아니라 다른 친구들도 궁금해하는 주제였고, 이를 화학2 시간에 발표하기도 했습니다. 호기심을 꼭 수업을 듣거나 남의 도움을 받아 해결하는 것이 아니라 다양한 책, 영상 등의 자료를 통해서도 해결할 수 있음을 배웠습니다.

❻ [과학중점에 들어가지 못한 이유] ○○○○○○을 못해 과학중점을 선택하지 않았지만 스스로 실험을 진행하고, 깊이 탐구하며 공부해 사고력을 증진시켜 화2,물2 경시대회에서 수상했고 과학중점반 친구들과 함께 평가되는 과학교과에서 꾸준히 1등급을 받았습니다.

📝
분석포인트

❶ 지적 호기심을 본인이 이해하고 있음을 드러내 주면서 관련한 활동을 이야기할 것임을 미리 평가자가 알 수 있도록 문장을 작성했다.

❷ 실험에서 느낀 점을 언급하고 있다. 반드시 모든 활동에는 느낀 점이 필요함을 여기서 강조했다.

❸ 이 학생의 지적 호기심에서 가장 중요한 것은 과학중점에 들어가지 않았지만, 그에 못지않게 심도 있는 공부를 했다는 점과 주도적인 태도를 갖고 있다는 점을 보여 주는 것이었기에 스스로 교과 과정으로는 채워지지 않는 호기심이 있었음을 보여 주는 문장을 썼다. 발전 가능성과 학업 능력에서 좋은 평가를 받을 수 있는 포인트이다. 지적 호기심을 어필하는 게 중요한 학생들은 이런 식의 전개를 사용하는 것이 매우 좋다.

❹ 호기심은 다양한 활동으로 해결될 수 있으나, 이 학생은 서울대도 지망했던 학생으로 무엇보다 책을 통해 호기심을 해결하는 과정을 알려 주고자

했다. 호기심을 해결하는 과정 속에서 어떤 도구를 사용했는지, 어떤 흐름을 거쳤는지가 매우 중요하므로 구체적으로 서술해야 한다.

❺ 지식을 다른 사람과 나누기도 했음을 보여 주고 있다. 독서는 혼자서 하는 활동이라 협력 정신을 보여 주기 어려우므로 굳이 친구들과 지식을 나눴음을 알리고 있다.

❻ 변명처럼 들릴 수 있어서 호불호가 갈리는 서술이지만 필자는 학생들을 지도하면서 솔직하게 실책의 이유를 쓰도록 지도하는 편이다. 어차피 실수는 지울 수 없는 것이므로 차라리 언급하고 그 이유를 써 주는 것이 낫다고 보기 때문이다. 성적이 낮아졌거나, 중요한 프로그램에 참여를 못했거나 하는 등 다양한 실책은 어차피 드러나게 돼 있다면 이유를 써 주는 쪽이 좋다. 이때, 불가피한 상황이었음을 교사도 학생부에 언급해 준다면 더 설득력 있는 해명이 될 것이다.

02

고등학교 재학 기간 중 본인이 의미를 두고 노력했던 교내 활동을 배우고 느낀 점을 중심으로 3개 이내로 기술해 주시기 바랍니다. 단 교외 활동 중 학교장의 허락을 받고 참여한 활동은 포함됩니다.

(1,500자 이내)

❶ 다양한 독서와 소통 기회는 지식을 발견하고 그것을 정교하게 만드는

방법을 가르쳐 줬습니다. 유전자 조작이 필요하다고 생각하던 저는 월드카페토론에 참여해 이 주제에 대해 토론했습니다. 저는 부작용이나 윤리적 문제 등을 고려할 필요가 있다는 상대의 설득에 반박할 뿐만 아니라 공감하기도 하며 상대방과 소통을 통해 자신의 의견을 비판적으로 검토할 수 있다는 것을 배웠습니다. ❹ 이에 고전 시간에는 평소 궁금했던 '과학이론의 변화'를 비롯한 다양한 주제를 담고 있는 '세상을 바꾼 과학논쟁'이라는 책을 가지고 팀원 3명이 각자 소주제를 정해 독후 발표를 했습니다. 저는 화학1에 나오는 원자 구조의 변천 과정을 배우면서 궁금해하던 패러다임의 변화라는 주제를 선정해 과연 과학이론의 옳고 그름이 절대적인가, 과학이론은 어떻게 변화하는가 등을 조원들과 토론했으며 ❺ 이 과정에서 〈과학혁명의 구조〉라는 책을 처음 접하고 패러다임 변화에 관한 추가적인 지식을 읽으며 저의 생각을 확립했고 무엇보다 혼자의 생각이 아니라 토론을 통해 지식을 확장하는 법을 배웠습니다.

❷ 패임랩은 지식을 표현하는 방법을 알게 해주었습니다. 저는 발표를 통해 사람들의 반응을 이끌어내는 것이 어려워 항상 두려워했습니다. 이를 극복하고자 우선 5분간 과학 발표를 진행하는 패임랩에 참가했습니다. 사람들의 편견에 도전하는 주제를 찾아 5분간 집중을 이끌어내고자 했고 〈화학으로 이루어진 세상〉을 읽으며 알게 된 거울상이성질체를 주제로 선정했습니다. ❻ 발표 대본을 작성하면서 모르는 부분을 화학 선생님께 여쭤 지식을 얻기도 하고, 탈리도마이드분자의 두 가지 거울상이성질체의 관계와 오른손과 왼손의 관계가 유사함을 비유적으로 보여주려고 제스처를 넣는 등 5분간 지루하지 않게 표현하는 방법을 고민했고 ❼ 발표 내내 좋은 호응을 얻으며 우수상을 수상했습니다. 저는 이번의 도전으로 두려움을 극복하고 한층 성장할 수 있었으며 노력을 이기는 재능은 없고 노력을 외면하는 결과도 없다는 말을 실감했습니다.

❸ 창의력○○○대회에서는 창의성이란 무의식중에 가지고 있는 편견을

깨는 것임을 배웠습니다. 주제는 'A4 용지 2장과 풀, 가위를 가지고 판을 만들고, 그 판이 얼마나 많은 무게를 견딜 수 있는가'였는데 저는 앞 순서 팀이 추를 올리는 모습을 보며 문제점을 발견했습니다. 판이 튼튼하고 균형이 맞는 팀은 충분히 많은 추를 올릴 수 있을 것 같은데 추를 놓을 자리가 없어 고민하다가 결국에 무너지고 말았던 것이었습니다. 사이다 캔 세 개 위라는 한정된 면적을 어떻게 하면 효율적으로 사용할 수 있을까 고민하던 저는 추를 올려놓는 것이 아닌 걸어 놓는 것이 좋지 않을까 하는 발상의 전환에 이를 수 있었습니다. 결과적으로 큰 추 2~3개, 작은 추 4개 정도의 성적을 낸 다른 팀에 비해 큰 추 4개, 작은 추 19개라는 압도적으로 좋은 성적을 낼 수 있었습니다. ❽ 탐구하는 과정에서 무조건 이렇게 해야 한다는 무의식적인 편견을 제거하고 주어진 조건을 토대로 새로운 시각으로 사고하는 창의성을 배울 수 있었습니다.

분석포인트

❶❷❸ 첫 문장에서 각 활동으로 어필하고자 하는 것을 명확히 전달하고 있다.

❹ 어떤 책을 읽었는지 명확히 책 제목을 쓰는 것은 중요하다. 과학이론이나 단어와 마찬가지로 면접 때 질문을 받을 가능성이 높으므로 제대로 답변을 준비한다면 면접 평가에서 유리한 점이 될 수 있다.

❺ 주어진 책 말고도 자신이 스스로 교과 시간에 노력을 기울여 책을 읽어 가는 모습을 보여 주고 있다. 자소서 1번에서 〈일반화학〉 책을 통해 호기심을 해결하는 모습과 함께 자신이 부족함을 인지하고 독서라는 좋은 도구로 지적 호기심을 채워가는 모습을 일관되게 보여줄 수 있다. 활동이 부족

하다면 이런 식으로 호기심이 독서로 해결되는 과정을 보여주는 것도 매우 좋은 방법이다. 활동이 부족한 친구는 그러니 교과 시간이나 동아리에서 독서를 하거나, 독서 후에 보고서를 쓰거나, 독서 후에 토론을 하는 등의 활동 기록이 많이 남을 수 있도록 하는 것이 좋다. 다만 독서활동상황은 큰 의미가 없고, 꼭 세특, 동아리, 자율활동, 진로활동 등의 칸에 들어갈 수 있도록 노력하자.

❻ 노력한 부분에 대해 구체적으로 서술해 생동감과 사실성을 높이고 있다.

❼ 단순히 수상을 했다가 아니라, 왜 본인의 수상이 의미 있었는지를 쓰고 있다. 수상실적을 제한적으로 제공하는 2022학년도 입시부터는 이처럼 수상에 의미 부여를 제대로 하는 것이 더욱 중요해질 것이다. 이 사례에서는 단순히 '잘했다'가 아니라 자신이 못하는 것을 능동적으로 극복하는 모습을 보여 준다는 점에서 발전 가능성을 높이 평가받을 것이다.

❽ 학생이 자신 없던 활동이었지만, 느낀 점은 명료하게 제시하고 있다.

03

학교생활 중 배려, 나눔, 협력, 갈등 관리 등을 실천한 사례를 들고,

그 과정을 통해 배우고 느낀 점을 기술해 주시기 바랍니다.

(1,000자 이내)

○○○○○ 프로젝트는 혼자서는 버거운 일을 협력을 통해 해결하는 법을

가르쳐 줬습니다. 2학년 때 국어 선생님께서 은퇴하시면서 본인이 주관하시던 '○○○○○' 프로젝트를 맡아 달라고 부탁하셨습니다. ○○○○○은 전교생을 대상으로 계절의 분위기에 맞춰 문학적 활동들을 하도록 이끌고 이를 평가해 상품을 주는 프로젝트였는데 우선 주변에 이 프로젝트를 좋아하던 친구들과 기획을 함께할 팀을 만들었습니다.

❶ 계절에 분위기에 맞춰 활동을 기획하고자 먼저 팀원들과 사계절의 분위기에 대해 토론했습니다. 이를 통해 봄은 화창한 느낌, 여름은 시원한 느낌, 가을은 쓸쓸한 느낌, 겨울은 포근한 느낌이라는 결론을 얻었고, 이 느낌을 주는 활동을 기획하기로 결정했습니다. 이때 저는 가을은 시의 분위기를 살리는 시화를 그리도록 하고 이를 토대로 평가하는 것이 좋다고 생각했는데, 다른 친구는 가을의 느낌을 담은 소설을 읽고 느낀 점을 써서 평가하는 것이 좋겠다는 의견을 냈습니다. 시화는 가을 감성과 잘 어울린다는 장점이 있었지만 친구는 시화는 그림을 못 그리는 친구들의 참여가 저조할 것이라고 예상했고, 결국 팀원들과 토의를 통해 시를 읽고 느낀 점을 쓰는 것으로 결정했습니다. 또 예산이 20만 원이었는데 그에 맞게 상품을 어떻게 선정하고 나누어 줄지에 대해서도 토의했습니다. 우선 등위에 따라 상품을 정하기보다는 각자 마음에 드는 상품을 순위별로 골라가게 하는 것이 더 좋다는 의견에 따라 골라가는 체계를 도입하는 등 원래 진행되던 프로젝트를 학생들의 의견을 수렴해 개편했습니다. 이를 통해 예년보다 많은 학생들이 참여했고, 선생님께서도 마지막 ○○○○○을 잘 꾸며줘서 고맙다는 말씀을 하셨습니다.

❷ 혼자 생각하는 것보다 협력하는 과정을 통해 각자의 의견과 생각이 시너지효과를 일으켜 더 많은 사람의 호응을 얻을 수 있음을 배웠고 일 년에 걸친 큰 프로젝트를 성황리에 마무리하며 끈질긴 인내심을 기를 수 있었습니다.

분석포인트

❶ 최선의 결과를 내기 위해 의견을 조율하려고 어떻게 노력했는지를 구체적으로 다루고 있다. 인성 영역은 크게 독특한 소재가 아니라면 구체적으로 쓰는 것이 무조건 좋다고 앞선 챕터에서도 설명했었다.

❷ 단순히 협력했다는 서술보다는 구체적으로 협력에서도 무엇이 중요하다고 생각하는지 등 세부적으로 느낀 점을 썼다.

04

해당 모집 단위에 지원한 동기와 준비 과정을
기술해 주시기 바랍니다. (1,000자 이내)

❶ 〈공학이란 무엇인가〉라는 책을 읽으며 과학을 통해 사람을 돕는 공학자의 삶을 깨닫고 화학에 흥미를 가져 화학공학자를 꿈으로 갖게 됐습니다. 특히 〈공학에 빠지면 세상을 얻는다〉라는 책을 읽으며 화학 중에서도 널리 활용되는 분자화학을 전공하고자 결심했고, 이를 이루는 데 필요한 화학, 물리, 생명과학과 같은 기초, 응용학문에 대한 지식, 과학의 언어인 수학적 능력, 공학자로서의 윤리의식을 갖추고자 노력해 왔습니다.

❷ 과학나눔실험학교에 참여해 분광광도계를 이용하여 음료수 속 색소 정량을 분석해 보거나 오실로스코프 기기를 사용해 보강간섭과 상쇄간섭과 같은 물리현상을 눈으로 확인하고 주변 고등학교의 동아리나눔실험활동인 '오

픈랩'에 자발적으로 참여해 은거울 반응 실험이나 아밀레이스 메시지 등의 실험을 하며 기초과학에 대한 지식을 다지고자 노력했습니다. 이런 지식을 혼자만 습득하는 것이 아니라 나누고 전달하고자 널리 알려진 과학적인 오개념을 바로잡는 활동을 진행하며 과학을 통해 나눔을 실천하려고 노력했습니다. 이를 통해 모든 과학교과에서 우수상을 수상했고 영어에도 관심이 많아 '영어어휘왕대회'에서도 수상했습니다. 또 매년 열리는 수학체험전에 꾸준히 참여해 강의를 듣거나 부스를 방문하며 수학에 대한 지식을 길렀습니다. 또한 '나도 과학칼럼니스트'에 참여해 공학도로서 생각해야 할 윤리적 문제에 대해 글을 쓰면서 자연현상에 대한 확실하지 않은 지식과 산업에 적용하는 과정에서의 작은 실수 탓에 생길 수 있는 피해를 항상 염두에 두어야 한다는 책임감을 배웠습니다.

❸ 물론 항상 모든 조건이 제게 주어져 있지는 않았습니다. 때로는 이과였지만 윤리의식을 공부하고, 다양한 사회문제를 알고자 토론동아리를 만들기도 했고, 실험 과정에서 제대로 소통하는 법을 배우지 못해 '물에서의 세균번식' 실험에서 실패하기도 했습니다. 하지만 문과 친구들도 함께 끌어들여 주도적으로 동아리를 만들어 이끌면서 토론과 윤리의식에 대해 더 많이 배울 수 있는 기회를 만들었습니다. 또 '미세먼지 흡착' 실험에서는 세균번식 실험에서 소통이 되지 않아 실패했던 사례를 극복하며 조원 간 소통이 이루어지도록 만드는 리더의 자질을 배웠고 과거보다 항상 발전해 왔습니다. 이를 통해 새로운 연구 분야를 발굴하고, 이를 주도해갈 수 있는 창의적인 인재를 육성하고자 하는 연세대학교의 인재상에 맞게끔 발전해왔다고 생각합니다.

❹ 저는 연세대학교에 입학한다면 신소재, 반도체, 에너지, 생명공학 등 여러 분야에서 깊이 있는 공부를 하며 사소한 것처럼 보이는 현상에도 집중할 수 있는 섬세함과 이를 응용할 수 있는 창의성을 기르고 학교 활동에도 적극적으로 참여해 시대를 이끄는 화학생명공학도로서 성장하고 싶으며 또한 자신합니다.

분석포인트

❶ 진로에 대한 생각이 구체화되는 과정을 독서를 통해 보여 주고 있다. 역시 1, 2번 문항과 마찬가지로 독서하는 습관이라는 일관적인 모습을 보여줄 수 있고, 단순히 꿈이 '이거다'라고 서술하는 방식에 비해 진로 성숙도, 결국 전공 적합성에서 더 좋은 평가를 받을 수 있다.

❷ 꿈을 이루려고 노력한 과정을 서술하고 있다.

❸ 연세대 등 대학별 문항에서 1500자를 요구하는 대학에 지원할 때는 주로 발전 가능성에 대한 얘기를 보충해서 쓰도록 지도하고 있다. 이 사례도 학교에서 기회가 없었지만 스스로 기회를 만들고자 노력한 사례를 통해 자신이 더 나은 환경(대학 입학)에 처한다면 더 나은 성과를 낼 수 있음을 어필한 것이다.

❹ 당시 글자 수가 다소 부족해 더 구체적으로 계획을 작성하지는 못했다.

01

고등학교 재학기간 중 자신의 진로와 관련하여 어떤 노력을 해왔는지 본인에게 의미가 있는 학습경험과 교내활동을 중심으로 기술해 주시기 바랍니다. (띄어쓰기 포함 1,500자 이내)

독서는 제가 3년간 함께한 최고의 학습도구였습니다. 화학2에서 이상기체상태방정식을 공부하면서 실제 기체와 이상기체가 다르고 이상기체만이 이 상태방정식을 만족한다는 설명을 들으며 실제 기체에 적용할 수 있는 상태방정식이 있는지 궁금했습니다. 교과서에는 이 내용이 나오지 않았고, 도서관에서 〈일반화학〉 책을 읽으며 반데르발스 방정식이 실제 기체의 상태를 나타내는 식임을 알아냈습니다. 생소한 용어와 상수들이 나와 어려웠지만 원리부터 파악하고 근본을 이해하려고 노력했습니다. 실제로 저뿐 아니라 다른 친구들도 궁금해하는 주제였기에 이를 화학2 시간에 발표하기도 했습니다. 호기심을 꼭 수업이나 남의 도움을 받아 해결하는 것이 아니라 다양한 책, 영상 등의 자료를 통해서도 해결할 수 있음을 배웠습니다. 제 불찰로 과학중점을 선택하지 않았지만 스스로 실험을 진행하고, 깊이 탐구하며 공부해 사고력을 증진시켜 화2, 물2 경시대회에서 수상했고 과학중점반 친구들과 함께 평가받는 과학교과에서 꾸준히 1등급을 받았습니다.

때로는 함께하는 독서를 통해 공부하기도 했습니다. 유전자 조작이 필요하다고 생각하던 저는 월드카페토론에 참여해 이 주제에 대해 토론했습니다. 저는 부작용이나 윤리적 문제 등을 고려할 필요가 있다는 상대의 설득에 반박할 뿐만 아니라 공감하기도 하며 상대방과 소통을 통해 자신의 의견을 비판적으로 검토할 수 있다는 것을 배웠습니다. 이에 고전 시간에는 평소 궁금했던 '과학이론의 변화'를 비롯한 다양한 주제를 담고 있는 〈세상을 바꾼 과학논쟁〉이라는 책을 가지고 팀원 3명이 각자 소주제를 정해 독후 발표를 했습니다. 저는 화학1에 나오는 원자 구조의 변천 과정을 배우면서 궁금해하던 패러다임의 변화라는 주제를 선정해 과연 과학이론의 옳고 그름이 절대적인가, 과학이론은 어떻게 변화하는가 등을 조원들과 토론했으며 이 과정에서 〈과학혁명의 구조〉라는 책을 처음 접하고 패러다임 변화에 관한 추가적인 지식을 읽으며 저의 생각을 확립했고 무엇보다 혼자의 생각이 아니라 토론을 통해 지식을 확장하는 법을 배웠습니다.

패임랩은 지식을 표현하는 방법을 알게 해주었습니다. 저는 발표를 통해 사람들의 반응을 이끌어내는 것이 어려워 항상 두려워했습니다. 이를 극복하고자 우선 5분간 과학 발표를 진행하는 패임랩에 참가했습니다. 사람들의 편견에 도전하는 주제를 찾아 5분간 집중을 이끌어내고자 했고 〈화학으로 이루어진 세상〉을 읽으며 알게 된 거울상이성질체를 주제로 선정했습니다. 발표 대본을 작성하면서 모르는 부분을 화학 선생님께 여쭤 지식을 얻기도 하고, 탈리도마이드분자의 두 가지 거울상이성질체의 관계와 오른손과 왼손의 관계가 유사함을 비유적으로 보여주려고 제스처를 넣는 등 5분간 지루하지 않게 표현하는 방법을 고민했고 발표 내내 좋은 호응을 얻으며 우수상을 수상했습니다. 저는 이번의 도전으로 두려움을 극복하고 한층 성장할 수 있었으며 노력을 이기는 재능은 없고 노력을 외면하는 결과도 없다는 말을 실감했습니다.

우선 지적 호기심이 반드시 드러나야 하므로, 구양식 1번에서 〈일반화학〉 책을 통해 공부한 내용(학생부 세특에 기재됐음)을 가장 먼저 서술하고, 성과에 대해서도 언급하는 것이 좋다. 또 구양식 1번과 2번이 독서라는 공통점을 가지고 있었으므로 구양식 2번에 있었던 독서토론 내용을 연결해 위의 첫째와 둘째 문단처럼 때로는 혼자서, 때로는 여럿이 독서를 통해 공부하고 활동한 내용을 서술할 것이다. 1, 2번 문항이 통합 축소되면 스스로 영양가가 없다고 생각하거나 서술하는 데 자신 없는 활동은 빼도 좋다. 이 학생은 2022년부터 바뀌는 새로운 유형으로 다시 자기소개서를 쓴다면 창의력 관련 대회는 서술하지 않을 것이고 수상도 제출하지 않았을 가능성이 높다.

> **자소서 구유형 3번을
> 2022학년도 신유형 2번으로 바꾼다면?**

02

**고등학교 재학기간 중 타인과 공동체를 위해 노력한 경험과
이를 통해 배운 점을 기술해 주시기 바랍니다.** (띄어쓰기 포함 800자 내외)

협력은 지식은 물론 제가 사회에 기여하는 결과물도 만들 수 있게 해 줬습니다. 화학을 좀 더 생생하게 공부하고자 친구들과 협력하여 화학실

험반을 결성해 활동했습니다. 그중에서도 아이오딘을 이용해 비타민의 양을 측정한 것이 기억에 남습니다. 아이오딘화 이온을 산화시켜 만들어진 요오드를 통해 비타민C를 산화시키고 지시약으로는 녹말용액을 사용해 모든 비타민C가 소비되고 나면 요오드가 녹말지시약과 반응해 청색의 아이오딘-녹말 착물을 형성하게 하는 요오드 적정법을 사용했습니다. 혼자라면 실험까지 해보기 어려웠겠지만, 동아리를 통해 정기적으로 만나 활동하고 역할을 분담하니 부담스럽지 않게 실험을 진행할 수 있었고, 협력의 중요성을 배울 수 있었습니다.

이런 협력을 중요성을 통해 ○○○○○이라는 프로젝트를 성공으로 이끌기도 했습니다. ○○○○○은 전교생을 대상으로 계절의 분위기에 맞춰 문학적 활동을 하도록 이끌고 이를 평가해 상품을 주는 프로젝트였는데 우선 주변에 이 프로젝트를 좋아하던 친구들과 '○○○○○' 프로젝트를 함께 기획할 팀을 만들었습니다. 그림을 그리는 대회를 개최할지 시를 쓰는 대회로 개최할지, 또 예산이 20만 원이었는데 그 안에서 상품을 어떻게 선정하고 나누어줄지 등에 대해 친구들과 토론했고, 토론 과정에 갈등도 있었지만, 다양한 의견을 종합해 결국 가장 합리적인 선택을 했습니다. 이를 통해 예년보다 많은 학생들이 참여했고, 선생님께서도 마지막 ○○○○○을 잘 꾸며줘서 고맙다는 말씀을 하셨습니다. 혼자 생각하는 것보다 협력 과정을 통해 각자의 의견과 생각이 시너지효과를 일으켜 더 많은 사람의 호응을 얻을 수 있음을 배웠고 일 년에 걸친 큰 프로젝트를 성황리에 마무리하며 끈질긴 인내심을 기를 수 있었습니다.

신유형 2번은 공동체 기여 경험이지만, 단순히 인성적인 내용을 넘어 과학실험에서 협력을 했던 경험과 협력을 통해 문제를 해결해 갈 수 있다는 것을 부각하고자 했다.

03
심화편

건국대학교 미래에너지공학과

2019학년도 KU자기추천, 지방 자사고등학교

정석적인 사례다. 이 말인즉슨, 자기소개서를 쓰는 기술 자체가 화려한 쪽은 아니라는 소리다. 활동 자체의 우수성을 기반으로 탄탄하게 자기소개서를 작성해 교과 내신에 비해 상대적으로 좋은 대학에 합격한 사례다. 자기소개서의 기술적 설계 덕분에 합격한 사례도 이 뒤에서 다루겠지만, 이 사례야말로 학생들이 모범적인 사례로 삼기에 충분한 경우다.

| 학교생활기록부 |

구분	활동 내용	문항	작성 방향(핵심 가치)
세부능력 및 특기사항 (2학년)	소수선택과목(생명과학 I) 이수	1	생명과학 I 에 적극적인 관심이 있었으나 선택 과목의 제한으로 이수하지 못한 과목을 소수선택과목 프로그램에 자발적으로 참여함으로써 이수함(적극성, 학업역량)

구분	활동 내용	문항	작성 방향(핵심 가치)
세부능력 및 특기사항 (3학년)	(기하와벡터) 수업 관련 보고서 작성	1	'이항정리'를 익힌 이후 '다항정리에 대한 기하학적 접근'이라는 주제의 심화탐구보고서를 작성함(창의성, 탐구역량, 학업역량)
동아리 활동 (1~2학년)	미세먼지 관련 발명 활동	2-1	2년간의 동아리 활동 동안 미세먼지 집진기, 미세먼지 환경 신호등 등을 제작함(탐구역량, 창의성, 적극성)
세부능력 및 특기사항 (3학년)	(고급화학) 빛의 세기와 태양광 발전의 관계 연구	2-2	빛의 세기와 태양광 발전 사이의 관계를 측정하고 보고서를 작성함(탐구역량, 전공적합성)
	(기하와벡터) 태양광 발전의 효율성 연구		정사영의 개념을 기반으로 태양광 발전 사이의 관계를 연구하고 보고서를 작성함(탐구역량, 전공적합성)
수상경력 (3학년)	창의탐구대회	2-3	태양광발전을 학교에 적용할 수 있는지 연구를 진행하고 보고서를 작성함(배려, 전공적합성, 탐구역량)
봉사활동 (2~3학년)	환경정화활동	3	쓰레기 투기를 방지하기 위해 국립공원에 야생화 단지를 조성함(전공적합성, 배려, 창의성)

자기소개서

01

고등학교 재학기간 중 학업에 기울인 노력과 학습 경험에 대해, 배우고 느낀 점을 중심으로 기술해 주시기 바랍니다.(1,000자 이내)

❶ 궁금한 점을 해소하고자 다양한 각도에서 꾸준히 탐구하는 과정을 통해 연구자에게 필요한 역량을 쌓아왔습니다. 지구과학 I 을 선택하면서 관심분야였지만 수강하지 못하게 된 생명과학 I 을 공부할 방법을 찾다가 2학년 때 알게 된 소수교과 수강 제도를 활용해 생명과학 I 을 수강할 수 있었습니다. 비록 신청자는 저뿐이었지만 모든 과정이 즐거웠습니다. ❷ 특히, 에너지의 흐름 부분에서는 생산자의 광합성을 통해 생성되는 에너지가 가장 많음을 배웠고, 이를 활용한다면 에너지 문제를 조금이나마 해결할 수 있을 것이라 생각해 궁금증을 갖고 탐구했습니다. 그 과정에서 자연스레 교과서 너머의 지식에 도전해야 했습니다. 꼬박 일주일이 넘는 시간 동안 영어 논문 등의 자료를 찾아 읽는 노력을 거쳐 광인산화 반응에 관여하는 전자전달계의 화학 구조를 학습하면서 ATP 형성의 화학적 원리를 이해할 수 있었습니다. 그 과정에서 ❸ ATP 형성의 원리를 모방해 친환경적으로 에너지를 생산하는 인공광합성에 대해서도 알게 되어 그 원리를 PPT로 정리해 화학 II 시간에 발표하기도 했습니다.

이후 미적분 시간에 궁금증을 해결하는 과정 중에도 깊은 탐구를 거쳐 창의적 결론에 도달한 경험이 있습니다. 이항정리를 공부하다가 문득 '삼항정리는 없을까?'라는 물음을 시작으로 파스칼의 삼각형과 이항정리의 관계처럼 삼항정리를 어떤 수열로 표현할 수 있을지 고민했습니다. 3항식의 계수를 직접 전개해보고 파스칼의 삼각형을 응용해 기하학적으로 고민한 결과 항의 개수가 n개인 식을 거듭제곱할 때 n-1차원 도형의 꼭짓점과 전개한 항의 계수가 연관되어 있을 것이라는 가설을 세워보았습니다. 이를 통해 삼항정리를 사면체로, 사항정리는 오포체로 설명했습니다. 이를 정리하여 기하와벡터 시간에 보고서로 작성하여 제출했고 선생님께서도 창의적이라고 칭찬해주셨습니다. ❹ 두 경험 모두 궁금증을 해결하고자 깊은 탐구를 거쳤기에 이해를 확장시키고 창의적 결론까지 낼 수 있었다고 생각하며 이런 탐구자세를 앞으로도 발전시켜나가고자 합니다.

분석포인트

❶ 연구자(태양광발전기술자)를 지망한다는 점과 함께, '탐구 역량'과 '다각적 사고력'을 전면에 내세우고 있다. 전달하고자 하는 가장 핵심적인 가치를 진로와 함께 전면에 보여주는 것은 좋은 시작이다. 글이 흘러가는 방향을 선제적으로 제시하기 때문이다.

❷ 생명과학 I 을 수강한 계기에 이어서 자신의 관심 분야인 '에너지'로 그 관심사를 구체화하고 있다. 이렇게 실제 자신의 관심사가 구체화되고 이에 대한 학습이 이어지는 과정을 진솔하게 보여줄 필요가 있다.

❸ 그 관심사는 최종적으로 인공광합성으로 구체화됐으며 발표 활동이라는 알찬 활동으로 마무리되고 있다. 자신의 관심 분야에 대한 다각적 탐구가 인공광합성이라는 특정 분야에 대한 학습으로 이어지고 있다. 자신의 역량을 보여주기 위해 굳이 별도의 수사를 동원할 필요는 없다. 진솔하게 이렇게 자신의 학습의 흐름을 보여주는 것으로 충분하다.

❹ 두 활동을 '탐구 역량'과 '다각적 사고력과 이를 기반으로 한 창의력'이

라는 가치와 연결지으며 글을 마무리하고 있다.

02

고등학교 재학기간 중 본인이 의미를 두고 노력했던 교내 활동을
배우고 느낀 점을 중심으로 3개 이내로 기술해 주시기 바랍니다.
단, 교외 활동 중 학교장의 허락을 받고 참여한 활동은 포함됩니다.

(1,500자 이내)

❶ 환경개선을 위한 여러 방법을 시도하다가 성공하지 못한 실험을 통해 실패는 나를 더욱 성장시키는 기반이라는 것을 알았습니다. 1학년 때 친구들이 종일 창문을 열어두는 등 미세먼지에 개의치 않는 모습을 보고, 경각심을 심어주고자 친구들과 ○○○○○를 설립해 아두이노를 이용한 미세먼지 측정기를 제작했습니다. 측정값을 시각화해 친구들이 실내 미세먼지의 심각성을 인지할 수 있도록 했지만, 예상보다 높은 수치를 보고 근본적인 해결책을 고민하게 됐습니다. 그러다 2학년 때 학교 외부 창문의 촘촘한 방충망을 집진판으로 활용해 전류를 흘려 보냄으로써 전기적 인력으로 미세먼지를 포집하는 방안을 설계했습니다. 실험 효과는 있었지만 오존이 형성될 수 있고 탈진 과정을 설계하기 힘들다는 사실을 깨달았습니다. 환경 문제는 다양한 변수와 관련되기에 예상치 못한 이유로 실패할 수 있고 따라서 여러 차례의 다양한 시도가 필요함을 배웠습니다.

❷ 다양한 교과를 기반으로 탐구하며 비판적 사고력을 기를 수 있었습니다. 태양광발전에 관심을 갖고 발전효율성을 극대화할 수 있는 방안을 다양

하게 탐구했습니다. 빛의 세기가 증가함에 따라 태양광발전량이 증가한다는 사실은 알고 있었지만, 과연 정비례 관계가 성립할지 의문이 생겨 고급화학 탐구시간에 직접 탐구했습니다. 한 여름에 돋보기로 입사되는 빛의 양을 증가시키며 태양광 셀의 전압을 측정하는 실험을 진행한 결과 발전량이 일정 시점 이후부터는 오히려 점근선에 수렴함을 확인했습니다. 반대로 빛의 양이 감소할 때 발전량의 변화를 알아보고자 기하와벡터에서 배운 정사영을 활용해 태양광 셀의 기울기를 조절해보니 빛의 양이 감소하면 발전량이 그 이상으로 급격히 감소함을 확인할 수 있었습니다. 두 실험결과를 합쳐 그래프로 구현했고, 추후 이를 토대로 발전량이 최적인 빛의 세기를 탐구하겠다고 다짐했습니다. ❸ 이렇게 기존 지식에 의문을 품고 비판적으로 고민했을 때 지식을 더 유용하게 활용할 수 있음을 깨달았습니다.

○○학술한마당을 통해 사회에 기여하는 연구자가 되겠다는 목표를 세웠습니다. 에너지 관리 역할을 맡으면서 학교의 막대한 전력소모량을 인지했고 전력문제가 환경 문제와 밀접한 관련이 있는 만큼 학교에 적합한 친환경적인 자체발전 방안을 탐구했습니다. 학교 부지가 넓다는 장점에 주목해 태양광 발전이 적합하다고 판단했고 환경 훼손 여부 등을 고려해 학교의 발전 적합도를 시각화해 본 결과, 최종적으로 옥상과 주차장을 가장 적합한 발전부지로 선정하고 직접 측량한 면적에 맞는 태양광 모듈 면적을 구해 발전량을 예측했습니다. 이를 학교의 전력 사용량과 비교해 에너지저장시스템과 태양광 발전을 도입하면 오프그리드를 달성할 수 있을 것이라는 결론을 도출하였습니다. ❹ 이는 오량학술한마당 융합부문 우수자 선정으로 이어졌고 연구결과를 요약한 제안서를 작성해 학생회를 통해 학교에도 제출했습니다. 나중에는 이런 시스템을 실제로 도입해 환경에 선한 영향을 미치고 사회에 기여하는 연구자가 되겠다는 다짐을 했습니다.

분석포인트

❶ '실패'가 항상 나쁜 것이 아니다. 미세먼지를 해결하려는 다양한 시도는 결국 실패로 끝났지만, 결국 이것이 환경문제를 해결하려면 다양한 시도가 필요하다는 중요한 깨달음으로 이어지고 있다. 환경문제에 대한 꾸준한 관심은 덤이다.

❷ 고급화학 시간에 실시한 실험과 기하와벡터 시간에 자발적으로 참여한 실험은 모두 태양광발전이라는 공통된 관심사에 기반을 두고 있어 전공에 대한 적극적인 탐구 의지를 확인해볼 수 있다. 두 실험 모두 탐구 보고서를 작성했다. 최근 탐구 보고서가 비교적 평가에서 많이 배제되고 있지만 이렇게 수업을 기반으로 이루어지는 탐구 보고서는 항상 의미가 있다.

❸ 앞의 두 실험은 모두 태양광 발전의 효율성에 대한 기존 지식에 의문을 가지면서 시작됐으니 이를 배우고 느낀 점으로 강조하는 것은 정석적인 서술이다.

❹ 연구 자체도 섬세하지만 사실 공학적이나 과학적으로 복잡하지는 않다. 그럼에도 매우 의미가 있는 것은 이 연구 성과를 실제 학생회에 제안하는 등 공공을 위하려는 목적을 띠고 있기 때문이다.

03

학교생활 중 배려, 나눔, 협력, 갈등 관리 등을 실천한 사례를 들고, 그 과정을 통해 배우고 느낀 점을 기술해 주시기 바랍니다.

(1,000자 이내)

환경을 위한 고민은 모두를 위한 나눔으로 확장됐습니다. 등하굣길마다 굴다리를 지나쳤는데 항상 그 아래에는 무단 투기된 쓰레기 더미가 쌓여 있었습니다. 과태료 부과 경고문과 CCTV 설치에도 줄어들지 않는 무단투기를 근본적으로 해결해보고자 고민하게 됐습니다. 2학년 때 사회문제 해결을 위한 대자보 전시대회를 경험해본 계기로 투기현장에 화단 가꾸기나 투기하는 자신을 볼 수 있는 거울 설치 등 해결책들을 제시했고 ❶ 제법 좋은 반응을 얻었지만 실제로 시행할 기회는 얻지 못했습니다.

이후 평소 참여하던 ○○○ 국립공원 환경정화 봉사를 하다가 산책로 인근에 생긴 불모지를 발견했습니다. 상대적으로 척박한 그곳에 모두 약속이라도 한 듯이 쓰레기를 무단투기하고 있었습니다. ❷ 학교 앞 굴다리가 생각나서 직원 분께 "이곳이 꽃밭이 된다면 사람들이 쓰레기를 버리지 않을 거예요"라고 지나가듯 말씀드렸는데, 놀랍게도 그 분께서 한번 해보자 하셨고 그렇게 약 한 달간 야생화를 심었습니다. 해가 중천일 때도 흙을 파고 돌을 골라내는 작업은 정말 힘들었지만, 거친 흙이 고른 흙으로 변하는 과정이 즐거워 끝까지 해낼 수 있었습니다. 한 해가 지나 야생화 단지에 꽃이 피기 시작했고 어느새 쓰레기를 버리는 사람들도 사라졌습니다. ❸ 불모지는 이렇게 산책로의 휴식공간이자 생태체험학습장으로 다시 태어났습니다. 제 봉사도 국립공원 차원의 봉사 프로그램으로 발전했고 다른 봉사자들과 협력해 야생화 단지를 계속해서 넓혀나갈 수 있었습니다. 어느새 어른과 아이가 함께 즐겨 방문하는 명소가 되었고 이를 보며 환경을 가꾸는 일은 곧 모두를 위하는 일이기에 진정한 나눔이라는 생각을 하게 됐습니다. ❹ 이후에도 가뭄이 극심한 올해 지나친 햇볕 탓에 식물들이 시들기 시작하는 것을 보고 식물을 보호할 수 있는 이동식 햇빛 조절기를 직접 고안해보는 등 환경을 가꾸는 일에 꾸준히 집중해왔습니다. 앞으로도 사람과 환경이 공존할 수 있는 공간을 끊임없이 가꾸고 그 안에서 인간의 지속가능한 발전을 고민함으로써 진정한 나눔을 이어가고자 합니다.

📝
분석포인트

❶ 환경문제에 관심을 갖고 있었던 만큼, 쓰레기 문제에 관심을 갖는 것은 지극히 자연스럽다. 하지만 학교에서는 자신의 계획들을 실현하지 못했다. '실패'와 유사하게 제대로 해내지 못한 경우지만 그래도 마찬가지로 충분히 의미가 있다.

❷ 실패가 실패로 끝나지 않고 지속적인 관심과 적극적인 노력으로 이어지고 있다.

❸ 이 활동은 단발성 활동이 아니었으며 확장되었음을 강조하고 있다. 실제 이 봉사활동은 2학년부터 3학년까지 지속적으로 이어져왔다.

❹ 발생한 문제를 공학도의 관점에서 해결하려는 시도 역시 확인된다. 누군가는 이런 활동은 배려, 나눔, 협력, 갈등관리에 속하는 활동이 아니라고 생각할 수 있겠지만, 사실 어떤 활동이냐는 크게 중요하지 않다. 그 활동을 통해 어떤 가치를 전달하고 있는지가 중요하다.

04

해당 모집단위에 지원한 동기와 준비과정을
기술해 주시기 바랍니다.(1,000자 이내)

저는 태양광에너지전문가가 되어 친환경 신재생에너지 발전 산업을 선도하는 연구자를 꿈꿉니다. 공학의 관점에서 시들어가는 환경을 회복시켜 인류를 포함한 생명을 위한 공존의 보금자리를 지켜나가고 싶기 때문입니다. 어린 시절부터 알로에, 장수풍뎅이, 사마귀 등 다양한 생명체를 보살피면서 환경과 생명에 대한 존중을 쌓아갔습니다.

어느 날 책에서 생태계를 급격히 파괴하는 지구온난화를 처음으로 알았습니다. 이를 해결할 현실적이고 구체적인 수단을 고민하던 중, ❶ 2학년 때 '에너지 혁명 2030'이라는 책을 읽고 지구온난화의 주원인인 CO_2를 배출하는 화력에너지를 대체할 신재생에너지의 필요성을 느꼈습니다. 이후 제가 좋아하는 식물처럼 태양광을 활용하는 태양광발전에 특히 매료돼 관련 역량을 쌓아왔습니다.

❷ 먼저 에너지 자체를 발전부터 축전까지 총체적으로 이해해야 에너지 전문가가 될 수 있다고 생각해 다양한 교과를 연결지어가며 탐구를 이어왔습니다. 돋보기와 정사영을 활용해 빛의 세기와 발전량 사이의 상관관계를 탐구해봤습니다. 또한 에너지를 효율적으로 활용하려면 축전량도 중요하다고 생각해 ❸ 화학Ⅱ 교과서에서 그림으로만 본 볼타전지와 다니엘전지를 직접 제작해보기도 했습니다. 황산구리 수용액과 염화마그네슘 수용액에 염다리를 설치하여 다니엘전지를 제작했는데 이를 통해 염다리가 닫힌회로를 형성하는 결정적인 역할을 수행한다는 점을 확인할 수 있었습니다. ❹ 특히 물리Ⅱ 수업에서는 금속판 축전기의 원리를 배우고 OHP필름과 알루미늄 호일로 간

이축전기를 제작해 축전량을 직접 확인해봤습니다. 교과서에서는 에보나이트와 헝겊을 이용한 마찰전기만으로 충전했지만 제 관심 분야에 따라 태양광셀과 건전지를 이용해 충전해봤고, 필름의 유전율을 찾아 전기용량을 구해보기도 했습니다. 태양광발전은 여전히 개척 중인 새로운 영역인 만큼 탐구 과정에서 많은 자료를 구하기가 쉽지 않았습니다. ❺ 필연적으로 영어로 된 자료를 읽어야 했고 그렇게 글로벌 역량을 쌓을 수 있었습니다. 특히 영어 시간에 태양전지를 주제로 발표를 준비하면서 관련 논문을 읽어야 했고, 관련 용어의 어원과 함께 영어로 발표해보기도 했습니다. ❻ 이런 개인의 노력도 중요하지만 협력의 힘이 더 대단하다고 생각합니다. 2학년 때 학교생활의 개선안을 고민해보는 Design Thinking 캠프에 참여했습니다. 화장실 위생 문제를 해결하고자 물을 내리기 전에는 잠금장치를 고정시켜 문이 열리지 않게 하는 방안을 제안했습니다. 시간이 촉박했지만 조원 각자가 자신의 역량을 살리고 역할을 적절히 나눔으로써 비교적 짧은 시간 만에 시제품과 설명영상을 제작할 수 있었습니다. 공학에서도 더 나은 결과를 내기 위해서는 여러 전문 분야의 연구자와의 간학문적 협력이 필요하겠다는 생각을 했습니다. 이런 제 꿈을 이루고 역량을 한 단계 더 발전시키기 위한 최선의 조건을 갖춘 곳이 친환경 대체에너지 개발의 시급성에 주목하고 관련 전문 인력을 양성하고자 하는 건국대학교 미래에너지공학과라고 생각해 지원하게 됐습니다.

📝
분석포인트

❶ 대체 에너지에 관심을 갖게 된 계기를 서술하고 있다.

❷ 4번 문항에는 다양한 활동을 엮어서 서술하고 있다. 기존에 내세운 가치를 다소 포함하면서 해당 대학, 전형, 전공이 요구하는 다양한 역량을 고루 담아내면 좋다.

❸, ❹ 화학Ⅱ와 물리Ⅱ 수업을 기반으로 수행한 발전 및 축전 관련 실험 활동을 설명하고 있다. 물론 활동 자체는 모두 단순하다. 또한 모두 태양광 발전 자체와 관련돼 있지는 않다. 하지만 '발전과 축전'과 관련되었고 자발적으로 수행했다는 점에서 충분히 전공적합성을 보여준다. 우리가 말하는 전공적합성은 좁은 의미가 아니다. 오히려 매우 넓은 의미라는 점을 잊지 말자.

❺ 전략적으로 이전에 강조하지 못한 외국어 역량(글로벌 역량)을 강조하고 있다. 글로벌 역량의 의미는 서울대학교편을 참조하자.

❻ 마찬가지로 이전에 상대적으로 강조하지 못한 협력 역량을 강조하고 동시에 연구자로서 왜 협력 역량이 중요하다고 생각하는지 잘 강조하고 있다. 이렇게 내세우고자 하는 다양한 가치를 다양한 활동을 통해 적절하게 잘 담아내고 있다.

04
일반편

서울대학교 컴퓨터공학부

2019학년도 일반전형, 비서울 일반고등학교

    이 학생은 서울의 일반고 출신 학생으로 컴퓨터공학과를 꿈꾸며 고2 겨울방학부터 나와 만나 함께 활동과 자소서 작성을 고민했다. 이 학생은 과학고에 지원했다가 합격하지 못한 학생으로 컴퓨터 프로그래밍에 남다른 관심과 재능이 있던 친구였다. 내신은 1등급대 후반으로 다른 학생들에 비해 좋지는 않았지만 유튜브에 컴퓨터 관련 강의를 올릴 만큼 관심이 있는 학생으로 컴퓨터 관련 비교과를 많이 보유하고 있었다. 다만 서울대는 비교과만큼이나 학교에서의 교과활동을 연결 짓는 것이 무엇보다 중요한 지적 역량 서술이기 때문에, 컴퓨터 공학과 특유의 다양한 프로그래밍 활동은 많으나 학교 생활과의 연결성이 다소 부족한 학생들이 살펴보면 좋을 사례로 소개한다. 이 학생은 서울대, 카이스트, 고려대에 동시 합격했다.

· 자기소개서 설계도 ·

A_내가 되고 싶은 사람과 이루고 싶은 가치	A를 꿈꾸는 이유와 계기
컴퓨터 공학자 (교수)	인공지능에 관심이 많아 이를 응용해 재해를 예방하는 등 사람들에게 도움이 되는 프로그램을 개발하는 인공지능 분야 전문가가 되고 싶다.
B_A를 위한 과정 속에서 필요한 조건	**B를 내가 갖췄다는 증거**
– 컴퓨터 프로그래밍 능력 – 인문학적 관심 – 인공지능에 대한 탐구적 호기심 – 리더십&이타적 마음	– 생명과학 시간의 호기심을 코딩을 통해서 가상 실험을 함으로써 해결함('빛의 변화에 따른 나무의 진화 알고리즘' 구현) – 동물 생태계 시뮬레이션 (교내 과학탐구 대회 수상) – IT 스타트업 동아리(게임개발–실패) – 프로그래밍 강좌 유튜브 운영
C_대학이 필요로 하는 이유 및 대학이 바라는 인재상	**C의 대학이 바라는 인재상을 갖춘 증거**
– 학교 교육과정을 성실히 이수하고 학업능력이 우수한 학생 – 학교생활에서 적극적이고 진취적인 태도를 보인 학생 – 글로벌 리더로 성장할 수 있는 자질을 지닌 학생 – 다양한 교육적, 사회적, 문화적 배경과 경험을 지닌 학생 – 사회적 약자에 대한 배려심과 공동체 의식을 가진 학생	– 인문계열 친구들과 협업하며 활동함 – 동아리에서 코딩을 모르는 친구들에게 코딩을 가르쳐 줌 – 생명과학 시간의 호기심을 코딩을 통해서 가상 실험을 함으로써 해결함('빛의 변화에 따른 나무의 진화 알고리즘' 구현) – 프로그래밍 강좌 유튜브 운영
D 대학에 가서 A를 이루기 위한 계획	**대학의 참고할 만한 진학 후 프로그램**
진로계획 작성이 4번에 없음	

자기소개서

01

고등학교 재학기간 중 학업에 기울인 노력과 학습 경험에 대해, 배우고 느낀 점을 중심으로 기술해 주시기 바랍니다.(1,000자 이내)

❶ 과학에 대한 호기심과 끈기 있는 프로그래밍에서 시너지를 얻으며 과학과 프로그래밍을 공부할 수 있었습니다.

❷ 영재학급에서 생명체들이 생존에 유리하도록 진화했다는 내용을 배우며 식물의 모양은 빛의 세기, 온도, 습도에 영향을 받아 진화했음을 알았습니다. 그런데 침엽수의 잎 모양은 온도에 영향을 받은 것이라고 배웠지만 여름 온도가 높은 중위도에도 침엽수가 있는 것으로 보아 빛의 세기만으로도 잎 형태에 영향을 줄 수 있겠단 생각이 들었습니다. ❸ 그래서 통제변인을 온도와 습도로 놓고, 빛의 세기만을 조작변인으로 하여 "빛의 세기가 나무의 모양을 결정짓는 데 영향을 준다"라는 가설을 세우고, 위도별로 빛을 가장 잘 받는 나무의 모양을 연구하기로 했습니다.

❹ 실험 방법을 찾던 중, 〈성냥갑으로 재미있고 쉽게 배우는 인공지능 이야기〉를 통해 알게 된 유전 알고리즘을 이용하기로 했습니다. ❺ 먼저 나무가 받는 빛에 영향을 주는 나무의 형질을 잎의 모양과 크기, 그리고 가지의 배열로 한정하고, 시뮬레이션을 통해, 입력된 위도에서 각 나무가 하루 동안 받는 빛의 양을 계산하고, 그 값이 우수한 나무들끼리 교배를 시키는 과정을 반복해 진화된 나무라는 결과를 얻는 유전 알고리즘을 구현했습니다. ❻ 그런데 알고리즘 실행 결과, 진화를 거듭할수록 잎이 계속 작고 뾰족해지기만 하는 문제점이 있었습니다. 문제의 원인을 찾던 중 물체에 도달하는 빛에는 직사광선뿐 아니라 환경광도 있다는 것을 알아냈고, 이를 반영해 새로운 식을

만들었더니, 문제가 해결되었습니다. 이렇게 시공간적 제약을 극복한 컴퓨터 시뮬레이션 실험을 통해 빛의 세기만으로도, 나무들의 위도별 모양이 다른 이유를 많은 부분 설명할 수 있다는 것을 확인했습니다.

❼ 프로그래밍을 통해 과학에 대한 심화된 호기심을 직접 눈으로 확인하면서 해결해볼 수 있었고, 뚜렷한 목적을 가지고 알고리즘을 만들고 개선하는 과정에서 오류에 대처하는 방법을 배움은 물론, 프로그래밍의 다른 분야로의 응용 가능성을 느낄 수 있었습니다.

분석포인트

학생은 프로그래밍 관련 비교과 활동은 많이 있었으나 상대적으로 교과 활동에서는 경쟁자에 비해 좋지 못한 내신을 가지고 있었다. 따라서 이를 극복하고자 교과 활동과 자신의 프로그래밍 활동을 연결지어 학교 교육에 충실히 참여했음을 강조하며 1번 문항을 작성했다. 비교과 프로그램을 어떻게 교육과정의 충실성과 연결해 보여줄 것인지를 중심으로 1번을 읽는다면 도움이 된다.

❶ 첫 문장에서 교과과정에서 발생한 지적 호기심을 자신의 특기인 프로그래밍을 통해 해결하고 있음을 어필하고 있고, 프로그래밍 활동이 교과과정과 연관해 이루어졌음을 가장 먼저 강조하고 있다.

❷, ❹ 다양한 비교과뿐 아니라 교내 활동이 자신이 호기심을 가지고 프로그래밍 활동을 한 계기가 됐음을 강조하고자 영재학급을 언급하였고 이에 대한 실험 방법론으로 프로그래밍을 사용했음을 강조하고 있다.

❸ 실험 설계 과정의 구체적 내용을 논리적으로 제시하고 있다. 구체적으로 제시하는 이유는 실험을 설계할 수 있는 논리성이 있음을 보여주고, 교과에서 심화된 호기심임을 강조해 드러낼 수 있기 때문이다.

❺ 하지만 생물학적 내용에 비해 자신이 실험을 위해 어떤 논리구조로 코드를 구현했는지를 더 자세하게 서술하고 있다. 왜냐하면 주목적은 생명과학에 대한 지적 호기심이나 학업 능력이 아니라, 생명과학에서 이어진 지적 호기심을 '프로그래밍'으로 풀어내는 덕후적 기질이 있음을 드러내는 것이기 때문이다.

❻ 문제가 생겼음을 얘기하고 이를 해결하는 과정을 서술했다. 생명과학적 호기심을 해결하는 과정 자체도 문제 해결이라고 볼 수 있지만, 실제 발생한 문제를 해결하는 과정을 보여줄 때 문제 해결 능력이나 창의성이 더 부각될 수 있기 때문이다.

❼ 느낀 점을 다시 한 번 구체적으로 반복해 제시하고 있다.

02

고등학교 재학기간 중 본인이 의미를 두고 노력했던 교내 활동을 배우고 느낀 점을 중심으로 3개 이내로 기술해 주시기 바랍니다. 단, 교외 활동 중 학교장의 허락을 받고 참여한 활동은 포함됩니다.

(1,500자 이내)

❶ 2학년 때 탐구한 '동물 생태계 시뮬레이션 제작'을 통해, 인공지능 기법을 더 폭넓게 이해할 수 있었습니다. ❹ 1학년 때 경험한 식물의 유전 알고리즘 연구를 확장해 동물 생태계에 적용함으로써 동물의 습성을 설명해보고 싶었는데, 동물은 감각 및 운동기관과 신경계 때문에 더 복잡했습니다. 그래서 새로운 알고리즘을 고민했고, ❺ 유전 알고리즘과 인공신경망을 결합한 진화 인공신경망 알고리즘을 인터넷 강좌를 통해 공부했습니다. 그래서 가상의 초원 지대를 시뮬레이션으로 만들고, 각 동물마다 인공신경망을 주어 주변 자극을 바탕으로 동물의 동작을 결정하도록 했습니다. 이 행동을 토대로 각자 유전 알고리즘에 따라 생존에 적합한 습성으로 진화하도록 했습니다. 그 결과, 다른 육식 동물을 피해 도망을 다니거나, 숨어서 다른 동물이 접근하기를 기다렸다가 잡아먹는 등 현실 동물에게서 볼 수 있는 여러 행동들을 관찰할 수 있었습니다. ❻ 탐구 과정에서 다양한 인공지능 기법을 더욱 깊이 이해했고, 교내 과학탐구발표대회에서 최우수상을 수상했습니다.

❷ 1학년 때 IT스타트업 동아리에서 얻은 실패의 경험은 2학년 때 IT동아리 SHIFT를 더 성숙하고 알차게 운영하도록 도와줬습니다. 저는 친구들과 함께 각자의 진로에 맞는 업무를 담당해 게임을 만드는 'IT스타트업'이라는 동아리를 만들어 활동했었습니다. 그런데 생각보다 진전이 되지 않아 결국 학년말까지 게임을 완성하지 못하고 ❼ 프로젝트를 중단하게 되었습니다.

❽ 이후로 동아리 친구들과의 대화와 『써먹는 실패학』 책에서 문제점을 찾아보았습니다. 인력에 비해 너무 완벽주의적인 목표를 세웠기 때문에, 새로 추가한 기능에 맞춰 스토리를 수정하는 시간이 오래 걸렸고, 제약이 많은 픽셀 아트 방식을 채택해 그림이 예쁘게 그려지기 전까지는 계속 손을 봤습니다. 이렇게 완벽해질 때까지 진도를 나가지 않고 그 일에만 집중하다가 기간이 임박해져 게임을 완성할 수도 없었고, 완수 가능한 계획으로 바꾸기에는 너무 많이 진전된 상태였습니다. ❾ 그래서 다음부터는 프로젝트가 실패하는 시나리오를 미리 생각해 실패했을 때의 대안을 가지고 있기로 마음먹었습니다.

❸ 그 후 IT동아리 부장을 하면서는 이때 얻은 교훈을 실천하고자 노력했습니다. 청담제 때는 조별로 프로젝트를 만들어 부스 전시회를 했는데, 아이디어를 모아 직접 체험해볼 수 있는 프로젝트를 만드는 작업에 도전해 보기로 했습니다. '피아노 타일 로봇' 프로젝트에서는 아두이노와 릴레이를 사용해 아이패드의 터치 센서를 작동하도록 했는데, 접지가 제대로 되지 않아 로봇이 잘 작동하지 않았습니다. 대안으로 메이키메이키를 사용해 만든 DDR 게임기를 전시했더니, ❿ 부스에서 예상보다 훨씬 많은 인기를 얻어, 사람들이 직접 만져보고 소리를 들어보는 등 전시물을 즐기는 모습을 보며, 문제를 해결해 일을 완수해낸 뿌듯함을 느꼈습니다. 조직을 운영하는 과정에서 대안의 중요성을 배웠고, 나아가 소프트웨어와 하드웨어가 결합되었을 때 사람들이 즐거워할 수 있는 의미 있는 콘텐츠를 만들 수 있음을 배웠습니다.

분석포인트

2번 문항은 1번 문항에서 프로그래밍 능력이 길게 서술되고 있기 때문에 활동 1개만 프로그래밍 관련해 느낀 점을 보여주고, 나머지 부분에서는 리더십, 창의성과 같은 다면적인 모습을 보여주려고 노력했다. 물론 2번에 쓰인 모든 활동이 프로그래밍과 관련된 활동이기는 하지만, 프로그래밍보다 그 안에서 배운 다양한 가치를 부각시켜야 했던 당위성과 그 방식에 초점을 두고 2번 문항을 읽는 것이 좋다.

❶, ❷, ❸ 각 3가지 활동을 통해 어떤 능력을 드러내고자 하는지 함축적으로 서술해주고 있다.

❹ 프로그래밍 비교과 활동을 시작한 계기를 진로와 연관지어 진로적합성을 보여주고 있다.

❺ 자신이 원하는 연구를 하는 데 필요한 지식을 공부하는 과정을 언급하므로써 서울대에서 요구하는 진취적인 모습을 보여주고, 구체적으로 자신이 프로그래밍한 논리 구조를 서술하면서 코딩 능력을 어필하고자 했다.

❻ 프로그래밍 능력과 진취성은 ❺에서 어느 정도 보여졌기 때문에 교내 수상 실적을 통해 객관적인 성과를 제시하고 있다. 교내 수상과 활동이 연관이 있는 경우는 수상을 길게 서술할 필요는 없지만, 활동의 후반부에 수상이라는 결과를 간단히 서술해주는 것은 좋다.

❼ 실패 경험을 서술하고 있다.

❽ 실패를 경험했을 때 좌절하기보다 독서를 통해 실패를 극복하고자 하는 모습을 보여주고 있다. 이는 서울대에서 요구하는 '좋은 독서'에 부합하는 독서(활동 과정 중에서 독서가 필요해서 독서한 경우) 중 하나다(자세한 내용은 p.94 좋은 독서의 기준 참고).

❾ 실패에서 자신이 얻은 깨달음과 변화를 서술하고 있다. 항상 모든 실

패가 결과적인 측면에서 극복될 필요는 없지만, 반드시 실패는 거기서 얻은 확실한 깨달음을 함께 제시해야 한다.

❿ 활동의 결과 실패를 극복했을 뿐 아니라, 창의성과 기획에 대한 깨달음도 얻었음을 강조하여 서술하고 있다.

03

학교 생활 중 배려, 나눔, 협력, 갈등 관리 등을 실천한 사례를 들고, 그 과정을 통해 배우고 느낀 점을 기술해 주시기 바랍니다.

(1,000자 이내)

❶ 저는 '두들낙서'라는 이름으로 유튜브에 C/C++ 강좌를 올리는 지식 나눔을 중학교 3학년 때부터 실천하고 있습니다. 처음에는 제가 배운 프로그래밍을 다른 사람에게 알려주고, 소수의 사람에게라도 도움이 되기를 바라는 단순한 마음에서 시작했습니다. 그렇지만 저는 이 분야에서 전문적으로 일하는 사람도 아니고 정식 선생님도 아니었기에, 정확한 정보를 이해하기 쉽게 전달하려고 다른 어떤 선생님들보다 열심히 노력했습니다. ❷ 이렇게 1강, 2강을 올리고 점점 복잡한 내용이 나올수록 저도 잘 모르거나 헷갈리는 부분이 있다는 것을 알게 되었습니다. 이럴 때마다 책을 찾아보면서 정보를 얻거나, 그래도 모를 때는 스택 오버플로우 같은 Q&A 웹사이트에서 전문 프로그래머의 지식을 얻기도 했습니다. 이렇게 70강이 넘는 강좌를 올리며 조금씩 성장한 저의 강좌 채널은 어느새 총 수십만 건의 조회 수를 기록하게 되었고, 이렇게 많은 사람들에게 전달되는 제 강의에 항상 책임감을 가져야겠다는 깨달

음을 얻었습니다. 저의 강좌는 미완성이기에, 다음 강의를 기다리시는 분들을 위해 앞으로도 계속 올릴 것입니다.

댓글에는 질문이 많이 올라오는데, 시청자가 잘 모르는 것이 있으면 자세하게 알려드리곤 합니다. ❸ 한번은 어느 분이 배열 포인터를 선언할 때 왜 배열의 크기를 적어 주어야 하냐고 질문하신 적이 있습니다. 그런데 선뜻 대답할 말이 생각나지 않았습니다. 모든 포인터는 가리키는 대상의 크기를 아는 것이 중요한데, 저는 그 중요성을 잘 몰랐고, 강좌 내에서도 그런 사항을 별로 강조하지 않아, 질문하신 분이 포인터를 이해하는 데 어려움이 있으셨던 것입니다. ❹ 강좌를 들으시는 분의 입장에서 생각을 좀 더 했으면 이렇게 시청자들을 헷갈리게 하는 상황이 벌어지지 않았을 것입니다. 가르치는 사람뿐만 아니라 공학을 연구하는 사람은, 다른 사람을 위한 제품이나 기술을 개발하는 사람이기 때문에, 어떤 사람에게 기술이나 서비스를 만들어 제공할 때는 제 자신으로부터가 아니라 그런 기술이나 서비스를 사용하는 사람으로부터 생각이 출발해야 한다는 것을 느꼈습니다.

📝

분석포인트

❶ 자신이 쓸 에피소드가 어떤 에피소드인지 미리 소재와 느낀 점을 함축적으로 제시하고 있다. 다만 첫 문장에서 ❹에서 깨달은 점인 '상대를 고려하는 자세'에 대한 내용도 함축적으로 제시했다면 더 좋았을 것이다.

❷ 강좌를 올리면서 심화 내용이나 부족한 부분을 스스로 어떻게 채워갔는지를 구체적으로 서술해주고 있다.

❸ 자신의 강좌 운영 과정에서 내용을 이해하지 못한 사람의 에피소드를 제시하고 있다.

❹, ❸을 통해 공학자를 꿈꾸는 자신이 앞으로 어떤 자세로 공학 연구에 임해야 하는지를 배웠음을 이야기하고 있다. 3번은 이처럼 나눔과 배려와 같은 가치가 중요한 것이 아니라, 나눔 배려 등의 활동을 통해 자신이 어떻게 성장했는지를 제시해주는 것이 중요하다.

04

고교 재학 기간 중 읽었던 책 중에서 자신에게 가장 큰 영향을 준 책을 3권 이내로 선정하고 그 이유를 기술해 주십시오.(1,000자 이내)

『써먹는 실패학』(하타무라 요타로 저/김동호 역/북스힐)

❶ IT스타트업 동아리의 실패 이후 이 책을 읽고 실패를 통해 배우는 법과 리더로서 가져야 하는 자세를 생각해 보면서, 실패에 대한 두려움 없이 조직을 잘 이끌 수 있는 자신감이 생겼습니다.

연구를 하거나 컴퓨터 프로그램을 개발할 때는 조직을 잘 운영하는 것이 중요한데, 이 책을 통해 그런 조직에서 리더가 가져야 할 자세를 배웠습니다. 리더십은 사람들이 저를 잘 따르게만 하는 것이 아니라, 사람들이 싫어하는 어렵고 힘든 일을 앞장서서 하고, 실패했을 때는 깨끗하게 책임지며, 성공했을 때는 부하들에게 공을 돌리는 것이라고 느꼈습니다. 이 책에서는 실패가 생겼을 때는 다른 사람을 배려하고 실패로부터 배우려는 자세가 무엇보다 중요하다고 합니다. ❹ 동아리에서 실패했을 때, 낙심한 다른 부원들의 마음을 충분히 헤아리고 위로해주지 못한 것을 반성했습니다. 그리고 동아리를 이끌 때는 배려하는 마음에서 다른 부원을 이해하도록 노력해야겠다고 다짐했습니다.

『인공지능, 붓다를 꿈꾸다』(지승도 저/운주사)

❷ 인공지능과의 공존 방법은 공학과 인문학의 융합에서 찾을 수 있음을 배웠습니다. 알파고가 인간에게 바둑을 이긴 충격적인 사건을 접하고, 인공지능을 활용한 과학 탐구를 하면서 인공지능이 인류에게 해를 끼치지 않고 평화롭게 공존하는 방법에 관심을 갖게 되었는데, 도서관 봉사를 하다가 이 책을 보았습니다.

❺ 이 책은 불교 철학에서 그 답을 찾아나갔습니다. 인공지능도 불교적 수양과 같은 과정을 통해 반성하고 성찰하게 하도록 기술이 발전해야 한다는 내용입니다. 성찰, 반성과 같은 행동에는 양심이나 도덕과 같은 '마음'이 필요합니다. 그런데 인공지능은 논리적인 알고리즘으로 작동하기 때문에, 이런 인공지능을 만들려면 인간의 마음을 아주 논리적이고 체계적으로 분석할 수 있어야겠다고 생각했습니다. 그러려면 먼저 마음이 어떻게 인간과 상호작용하는지 알기 위해 불교뿐 아니라 철학, 심리학, 뇌과학 등 인간과 관련된 다양한 관점에서 생각해 봐야 한다는 것을 느꼈습니다.

『세상의 모든 공식』(존M.헨쇼 저/반니)

❸ 여러 학문 분야에서의 중요한 공식 이야기를 하나씩 살펴보면서 사물을 다양한 관점에서 관찰하는 습관과 수학, 과학 분야의 경험과 지식이 필요함을 깨달았습니다.

❻ 푸리에 변환은 주기함수를 사인함수와 코사인함수의 합으로 나타내는 기법인데, 푸리에 변환 덕분에 LTE 통신이나 잡음 제거 같은 정보 기술이 엄청나게 발전할 수 있었다고 합니다. 그런데 이 공식은 엉뚱하게도 고체의 열 흐름을 연구하는 과정에서 나왔다는 것을 읽고, 수학과 과학 분야의 공식과 정리가 어디서 어떻게 정보 기술에 활용될지 모른다는 것을 알았습니다. 그

리고 이런 활용 가능성을 찾는 것이야말로 융합적인 연구를 하는 현대 사회의 인재에게 필요한 안목일지도 모른다고 느꼈습니다. 그러므로 단순히 코딩 실력만 쌓는 것이 아니라, ❼ 수학, 과학적인 관점에서 사물을 관찰하는 습관을 통해 기초과학 경험들을 축적해야 푸리에 변환과 같은 기술 혁신을 만들 수 있다는 것을 느꼈습니다.

📝
분석포인트

❶ 활동 과정에서 실패를 극복하려고 책을 읽었다는 언급이 나오는데, 실제로 그 책을 통해 어떤 구체적인 점들을 느꼈는지 서술하기 위해서, 그리고 당연히 실패를 극복하게 해준 책이라면 인상이 깊어야 하므로 해당 책을 3권 중 1권으로 선정했다.

❷ 사람들에게 유용한 것을 개발하는 사람으로서 공학적 지식뿐 아니라 인문학적인 지식을 가지고 있어야 함을 알고 있다는 것을 보여주고자 인공지능과 인문학을 융합한 책을 선정해 작성했다.

❸ 기본적으로 공대에서 수학하기 위해 과학이나 수학 교과에 대한 관심과 필요성을 이해하고 있음을 보여주려고 이 책을 선정했다. 학생의 경우 수학과 과학 내신이 좋지 않았기 때문에 이를 교과 성적으로 보여주기 애매했고, 프로그래밍 능력을 강점으로 내세우되, 수학과 생명과학을 제외한 과학 교과에 대한 관심은 독서로 보여주려고 노력했다.

❹ 자신이 실패를 통해 어떻게 달라져야 하는지 느낀 점을 2번 문항처럼 서술하고 있다.

❺ 책의 내용을 구체적으로 언급하되, 자신이 느끼고 이해한 언어로 풀어

서 설명하고, 자신의 느낀 점과 함께 서술하고 있다. 느낀 점이라는 것은 이처럼 단순히 감상만을 적는 것이 아니라, 책에 있는 지식을 보여주면서 내가 어떻게 이 지식을 이해하고 있는지를 보여주는 것이 가장 중요하다.

❻ 책의 내용을 다소 나열식으로 제시하고 있다. 이는 수학 교과가 상대적으로 약한 학생이 수학에 대한 내용을 심도 있고 자신 있게 이해하고 있음을 지식적으로 드러내주려고 선택한 방법이다. 만약 지역균형선발이었다면 대학에서 집요하게 수학적 역량을 확인하고자 했을 것이다.

❼ 도서 선정 이유에 맞는 느낀 점을 제시하고 있다.

05
일반편

고려대학교 전기전자공학부

2019학년도 학교장추천, 비서울 일반고등학교

이 학생은 비서울 일반고 출신학생으로 교과성적이 상당히 우수한 학생이었으나, 활동적인 측면에서 다른 학생에 비해 다소 뒤처졌다. 무엇보다 물리Ⅱ를 수강하지 않아서 대학에서 요구하는 수학 능력을 다양한 활동을 통해 어필한 사례이므로, 전공에 관련 있는 심도있는 지식을 보여줄 교과 활동이 없는 학생이 참고하여 보면 좋다.

• 자기소개서 설계도 •

A_ 내가 되고 싶은 사람과 이루고 싶은 가치	A를 꿈꾸는 이유와 계기
임베디드 시스템 설계 공학자	사물인터넷에 큰 관심을 가지게 되었고 사물인터넷을 작동시키는 임베디드 시스템을 개발해 인간 생활에 큰 효율성을 가져오고 싶다는 꿈을 가지게 되었습니다.

B A를 위한 과정 속에서 필요한 조건	B를 내가 갖췄다는 증거
– 전기전자공학 공부를 위한 물리 실력 – 물리를 뒷받침할 수학 실력 – 소프트웨어에 대한 관심 – 하드웨어에 대한 관심	– 물리Ⅱ&전자공학 자율동아리 창설 – 물리UCC 제작 – 물리Ⅰ 반도체 공부 – 정보심화 프로젝트(코딩) – STEAMER 동아리(신기술 조사&탐구)
C 대학이 필요로 하는 이유 및 대학이 바라는 인재상	C의 대학이 바라는 인재상을 갖춘 증거
– 개척하는 지성 – 탐구하는 인재 – 창조적 인재 – 정의로운 리더	– 중력가속도 측정(실패했으나 도전) – 요양원에 IOT 적용가능성 탐구 – 4차 산업혁명 토론 – 성적이 하락했으나 성적 반전시킴
D_대학에 가서 A를 이루기 위한 계획	대학의 참고할 만한 진학 후 프로그램
진로계획 작성이 4번에 없음	

자기소개서

01

고등학교 재학기간 중 학업에 기울인 노력과 학습 경험에 대해, 배우고 느낀 점을 중심으로 기술해 주시기 바랍니다.(1,000자 이내)

❶ 물리Ⅱ를 스스로 공부하며 환경을 주도적으로 만들어 공부하는 법을 배웠습니다. 1학년 때 물리Ⅰ에서 반도체에 대해 배웠습니다. ❷ 순수 반도체에 불순물을 도핑 한 n형 반도체와 p형 반도체를 이용해 다이오드를 만들고 이

를 LED로 사용하는 과정을 배웠고 npn 트랜지스터와 pnp 트랜지스터의 원리와 이용 가치를 알았습니다. ❸ 그리고 반도체에 대해 더 알고 싶어서 『쉽게 읽는 반도체 이야기1』을 읽으며 MOS-FET가 어떻게 작동하는지 익혔고 반도체에 불순물을 주입하는 공정을 이해하고 친구들에게 이를 설명해주며 같이 물리 공부를 했습니다. 이를 통해 우리 생활 곳곳에 존재하는 반도체의 기본적 원리를 파악할 수 있었고 DRAM, SRAM과 같이 지금 실제 사용되는 첨단 반도체에 대한 심화적 관심이 생겨서 3학년 때 전기, 자기, 양자역학을 더 배우고자 물리Ⅱ를 선택했습니다.

❹ 그런데 선택자 수가 부족해 물리Ⅱ가 폐강되는 바람에 혼자 공부하려고 했으나 내용에 어려움이 있었고, 이를 다른 친구들과 함께 해결하고자 반도체에 관심이 많은 공대 지망생들과 함께 전기전자 및 물리Ⅱ 공부 자율동아리를 만들었습니다. 동아리에서는 3nm의 미세한 공정으로 반도체를 만들겠다는 삼성의 발표를 보고 1nm의 작은 양자 컴퓨터칩을 만드는 과정에서 홀뮴 원자가 주목받는 이유를 알아보는 등 다양한 탐구를 진행하기도 했고, 저희처럼 물리Ⅱ를 수강하지 못해 아쉬워하는 다른 학생들을 위해 이런 탐구를 UCC로 제작해 내용을 쉽게 전달하는 등 정식 교과 과정의 물리Ⅱ는 아니지만 ❺ 공대 지망생들의 호기심으로 가득한 저희만의 물리Ⅱ를 공부하고 전파하며 심화 지식을 배우고 정확하게 이해할 수 있었습니다.

❻ 앞으로도 공부하며 환경이 열악하거나 혼자 해결하기 어려운 문제가 발생한다고 해도 직접 환경을 만들고 때로는 다른 동료의 힘을 빌려 문제를 해결하는 방법을 배울 수 있었고 그런 과정을 즐기는 힘이 제게 있음을 깨달을 수 있었습니다.

분석포인트

학생은 물리Ⅱ 교과를 선택하지 못한 상황이었기 때문에 학습 경험 부분은 물리Ⅱ를 교과로 수강하지는 못했지만, 그런 아쉬움을 극복하고자 노력한 과정을 가장 중요한 포인트로 잡아 서술하고자 했다. 따라서 물리Ⅱ를 교과가 아니라 다양한 활동에 흡수시킨 과정을 중심으로 읽으면 도움이 된다.

❶ 첫 문장에서 학습환경을 스스로 구축하며 물리를 공부했다는 내용을 함축적으로 제시하고 있다.

❷ 학생이 배운 지식적 내용을 구체적으로 서술하고 있다. 요즘은 대학 과정에 대한 학습도 활동을 통해 이루어지는 만큼 심화적 학습이나 전공 관련 학습 내용을 부각하려면 실제로 어떤 개념을 배웠는지 명확히 제시해주는 쪽이 훨씬 차별화에 유리하다.

❸, ❷의 노력으로는 부족했기 때문에 이를 보충하는 과정에서 독서활동이 진행됐음을 유기적으로 연결해 서술하고 있다.

❹ 물리Ⅱ를 수강하고 싶었지만 폐강됐음을 어필하면서 동아리의 계기는 물론 물리Ⅱ를 수강하지 못한 일에 대한 정당성을 확보하고자 했다.

❺, ❻ 1번 문항 전체 활동에서 느낀 점을 서술하고 앞으로 학습하면서도 이런 과정을 통해 적극적으로 공부할 수 있음과 자신에게 공부를 즐기는 지적 호기심이 있음을 반복해서 서술하고 있다.

02

고등학교 재학기간 중 본인이 의미를 두고 노력했던 교내 활동을 배우고 느낀 점을 중심으로 3개 이내로 기술해 주시기 바랍니다. 단, 교외 활동 중 학교장의 허락을 받고 참여한 활동은 포함됩니다.

(1,500자 이내)

❶ 정보 심화 프로젝트를 통해 개발 능력이 가진 확장성을 깨달았습니다. ❹ 프로그래밍 실력은 개발 경험에 비례한다고 생각해 **다양한 개발 경험을 갖추고자 2학년 때 정보 자율동아리를 만들었습니다.** ❺ 동아리에서는 C#의 문법과 기초적인 프로그래밍 기술을 주로 공부했으며 이를 응용하여 콘솔에 눈과 비를 시뮬레이팅 하는 프로그램을 만드는 등 다양한 활동을 했고 정보 시간에 다루는 버블 정렬보다 효율적인 퀵 정렬을 직접 만들어보며 알고리즘의 시간 복잡도와 자원 효율성의 개념을 공부해 효율적 알고리즘에 대한 심도 있는 지식을 얻을 수 있었습니다. 이렇게 개발 실력을 늘려가니, 단어 시험지를 만드는 프로그램을 개발하기도 하는 등 학습과 시너지를 내기도 했습니다. ❻ 개발 능력을 더 발전시켜 앞으로 임베디드 시스템은 물론 당면한 문제를 풀어갈 때 유용한 하나의 도구로 사용해야겠다는 생각을 했습니다.

❷ 기술 발달에 관심을 가지며 저의 진로를 더욱 확고히 할 수 있었습니다. 1학년 때 IT 기술 분야에서는 최신 경향을 모두 파악하고 이를 친구들에게 설명해 주고자 STEAMER 활동을 했습니다. ❼ STEAMER 활동을 하며 기술 발전에 관한 새로운 내용을 조사했고 기술 발전에 의한 여러 문제를 주제로 토론했습니다. 한 번은 아이폰7 출시 이벤트를 생중계로 보며 발전하는 스펙, 디자인의 트렌드를 읽어보았습니다. 2학년 때는 기술 활용에 대한 관심

을 진로와 연관해 발전시키고 싶어서 소논문을 작성했습니다. 소논문을 작성하며 사물인터넷과 인공지능 발전의 경향과 그에 따라 변화할 사회의 양상을 조사를 했고 소논문을 작성하며 인공지능의 발전은 어떤 방식으로 행해져야 하는지, 사물인터넷이 발달하려면 어떤 문제가 해결돼야 하는지에 대한 의견을 냈습니다. ❽ 이후 사물인터넷이 발달하는 데 걸림돌이 되는 보안 문제를 해결하고 싶다는 목표를 가지게 되었습니다.

   ❸ 중력가속도와 중력 이상 측정은 이론적으로만 아는 물리적 현상을 직접 관측하기 위한 시도였습니다. ❾ 외우기만 했던 $9.8m/S^2$라는 숫자를 직접 관측하고 싶었습니다. 그래서 방법을 고민하다 물리Ⅱ에 나오는 단진자를 이용하는 방법을 따라 해보기로 했습니다. 스탠드에 실을 묶고 추를 매달아 단진자를 만들었고 오차를 줄이기 위해 최대한 노력해 놀랍게도 $9.8m/S^2$에 가까운 값을 얻었습니다. 성공 후에는 지구과학Ⅱ에 나오는 중력 이상을 관측해보고 싶었고, ❿ 중력 이상 값이 (+)가 나올 수 있는 광명 동굴로 가 친구들과 함께 단진자를 통한 중력가속도 측정을 진행했습니다. 하지만 기대와는 다르게 이곳에서 측정한 값은 실제 나올 수 없는 값인 $10m/S^2$이 나왔고 이후 정밀한 장비 없이 중력 이상을 측정하는 것이 어렵다는 선생님의 설명을 들을 수 있었습니다. ⓫ 비록 실패했지만 오차를 줄이려고 노력하는 과정에서 오차를 높이는 다양한 공기저항, 초시계의 단위 등 다양한 요소를 고민했고, 꼭 나중에는 일반물리학을 공부하고 borda 진자를 이용해 정밀하게 측정해보고 싶다는 다짐도 했습니다.

🗒️

분석포인트

   ❶, ❷, ❸ 각 3가지 활동을 통해 어떤 능력을 드러내고자 하는지 함축적으로 서술하고 있다.

❹ 활동 계기를 진로와 연관지어 진로적합성을 보여주고 있다.

❺ 동아리 활동에서 배운 점을 구체적으로 지식적 측면에서 나열하고 있다. 요즘은 활동의 질이 전체적으로 높아졌기 때문에 이런 식으로 무엇을 배웠는지 지식적으로 나열해주어야 면접에서 심층 질문을 받아 고득점으로 이어지기 유리하므로, 활동 나열은 지양해야 하나 지식은 구체적으로 쓰는 것이 좋다.

❻ 동아리 활동에서 느낀 점을 구체적으로 제시하고 있다.

❼ 어떤 활동이었고, 학년이 올라가며 어떻게 발전시켰는지를 구체적으로 제시함으로써 창의성과 문제 해결력을 보여주고 있다.

❽ 활동에서 느낀 점을 구체적으로 서술하고 있다.

❾ 활동하게 된 계기를 통해 지적 호기심을 보여주고 있다.

❿ 실패 경험에 대해서도 서술하고 있다.

⓫ 실패를 서술할 때는 실패에서 어떤 것을 배웠는지를 명확하고 구체적으로 기술해주어야 하고, 이를 극복하기도 했다면, 어떤 식으로 극복했는지, 혹은 앞으로 어떻게 극복해볼 계획인지 등 서술해주는 것이 좋다.

03

학교 생활 중 배려, 나눔, 협력, 갈등 관리 등을 실천한 사례를 들고,
그 과정을 통해 배우고 느낀 점을 기술해 주시기 바랍니다.

(1,000자 이내)

❶ 요양원 한 곳에서 오랜 기간 실천한 나눔의 경험은 할머니, 할아버지를 배려하고 친절을 나누는 데에 그치지 않고 진로 탐색을 통해 얻어낸 지식까지 공유함으로써 성숙한 인격과 지식을 갖도록 성장하는 계기가 되었습니다. 봉사 시간에는 주로 청소를 하고 어르신들의 말벗으로 학교생활 이야기를 풀어나가는 봉사를 했고 쉬는 시간에는 요양원을 운영하면서 어떤 점이 힘든지 이야기를 들어보았습니다. 그래서 내가 시설에 도움을 줄 수 있는 불편한 점이 있지 않을까 하는 고민을 항상 가지고 봉사에 참여했습니다.

❷ 한 번은 치매에 걸린 할머니께서 잃어버리지도 않은 물건을 누군가가 가져갔다고 하시며 요양원 내부를 돌아다니고 계셨습니다. 요양 관리사분들께 이 상황에 대해 여쭤보았고 평소에 자주 있는 일이라는 것을 알았습니다. 그리고 그분들은 별일이 아니라며 할머니와 이야기를 주고받으며 물건을 잃어버리지 않았다는 사실을 할머니께 몇 번이고 알려주셨습니다. 저는 요양 관리사분이 항상 있는 낮에는 아무런 문제가 없지만 혹시 밤에 할머니께서 혼자 돌아다니시다가 다치시진 않을지 걱정이 되었습니다. 또한 치매에 걸리신 할머니께서 침대에 배변을 보시는 등의 문제도 종종 있었는데 요양 관리사 분께서 그것을 늦게 발견하시면 할머니도 싫어하시고 냄새도 나는 등의 여러 문제가 생겼습니다. 이런 문제들을 사람들의 봉사나 관심으로만 해결하는 데에는 한계가 있다고 생각했습니다. ❸ 전자공학에 관심이 많은 저는 이런 문제를 기술적으로 해결할 수 있는 방법이 없는지 찾아보게 됐고, 『생활을

변화시키는 사물인터넷 : IoT』라는 책을 보며 요양원에 적용될 수 있는 다양한 기술들을 공부했습니다.

❹ 공학자로서 기술을 발달시키는 것도 중요하지만, 사람들을 편안하게 해주기 위한 것이라는 공학의 본질을 생각하며 공학 기술을 어떤 방향으로 사용할 것인가를 고민하는 과정이 중요함도 배웠습니다.

📝
분석포인트

❶ 요양원에서 느낀 점을 함축적으로 제시하는 문장이다. 다만 이 학생의 경우 첫문장이 지나치게 길어 요점을 파악하기가 어려울 수 있으므로, 문장을 조금 짧게 가져가는 것이 좋다.

❷ 요양원에서 느낀 문제 상황과 에피소드를 구체적으로 풀어내고 있다. 3번 문항은 함축적인 나열보다는 자신이 겪은 일을 구체적으로 서술하는 게 중요하다. 왜냐하면 학생들이 대부분 3번에 경험은 함축적으로 추상화해 서술하므로 차별성이 드러나지 않기 때문이다.

❸ 자신이 느낀 ❷에서의 문제를 공학을 통해 해결하려고 시도했음을 보여주고 있는데, 생각만 한 것이 아니라, 책을 읽으며 해결하고 있다. 보고서를 작성했다면 더 좋았을 것이고, 이런 내용을 서술하고자 한다면 진로활동이나 봉사활동 칸에 반드시 해당 내용이 있어야 좋은 평가를 받을 수 있다.

❹ 본인의 공학에 대한 관심을 드러내고 있고, 이 경험을 통해 공학자가 꿈인 사람으로서 인격이 어떻게 성장했는지 보여주고 있다.

04

해당 모집단위 지원 동기를 포함하여 고려대학교가
지원자를 선발해야 하는 이유를 기술해 주시기 바랍니다.

(1,000자 이내)

　고등학교 진학 후 제4차 산업혁명의 발전에 기여하는 사람이 되자는 목표를 갖고 직업 인터뷰를 진행하고 ❶ 여러 글을 써보았습니다. 이런 과정을 통해 사물인터넷에 큰 관심을 가지게 됐고 사물인터넷을 작동시키는 임베디드 시스템을 개발해 인간 생활에 큰 효율성을 가져오고 싶다는 꿈을 가지게 되었습니다. 이러한 꿈을 이루려면 하드웨어와 소프트웨어 모두 심도 있게 이해해야 한다고 생각해 고려대 전기전자공학부에 지원했습니다.

　❷ 전기전자공학부에서 공부하기 위한 공학에 대한 관심, 기계 및 장치를 고려해 효율적으로 코딩하기 위한 소프트웨어 설계 능력, 사용된 센서 같은 하드웨어에 대한 기초적 이해를 기르고자 3년간 노력했습니다. ❸ MSG 활동으로 소프트웨어를 공부했고 피카츄 활동으로 하드웨어를 공부했으며 클러스터 활동을 하며 윤리의식을 기르기 위해서도 노력했습니다. 클러스터 시간에 정보화 혁명에 대해 배우다가 친구들과 과거의 산업혁명 사례를 토대로 미래의 제4차 산업혁명을 예측하면 좋겠다는 생각이 들어 '강한 인공지능과 미래사회'라는 주제로 토론을 진행했습니다. ❹ 이 과정에서 기술 발달에 따르는 윤리적 문제에 대해 고민을 해보며 이전에 읽은 『미래의 물리학』에서 묘사한 미래의 상황과 대조해보며 자신의 분야를 개척해가는 과정에서 기술의 발달의 수혜를 최대한 모든 사람이 평등하게 누릴 수 있도록 해야 정의로운 공학도라고 생각하게 되었습니다.

　❺ 3년간 활동과 내신 성적을 동시에 유지하는 것이 쉽지 않았고 때로는

성적이 하락하기도 했지만 결국 1등으로 성적을 마무리한 것처럼 저는 앞으로 어떤 시련이 있더라도 반드시 꿈을 이뤄낼 의지와 능력을 가지고 있습니다. 이런 의지와 노력은 고려대 전기전자공학부에서 뽑고자 하는 새로운 지식을 탐구하는 지혜로운 인재와도 부합하므로 ❻ 고려대가 저를 선발해야 한다고 생각합니다. 임베디드 개발자로서의 꿈을 이루는 그 시작을 반드시 고려대에서 하고 싶습니다.

📝
분석포인트

❶ 꿈을 설정하게 된 과정에서 활동을 언급하고 있다. 진로활동을 드러내는 것은 아주 좋은 방법인데, 특히 진로활동을 통해 진로를 탐색해 구체적인 진로를 찾아내는 과정을 서술해주는 것은 요즘과 같이 비슷한 진로를 가진 학생이 많은 환경에서 매우 중요하다.

❷ 자신이 수학하는 데에 무엇이 필요한지를 명확히 알고 있음을 보여주고 있다.

❸, ❷에서 제시한 능력을 갖추기 위해 한 활동을 보여주고 있다.

❹ 서울대에만 독서문항이 있으나, 이 사례처럼 노력을 보여주는 과정에서 자신이 읽은 책을 써주는 것도 수학 능력을 보여주는 측면에서 훌륭한 전략이다.

❺ 고려대는 좌절하지 않고 1등을 하기 위해 노력하는 '1등의 DNA'를 강조한다.

❻ 고려대는 문항에서 고려대가 자신을 선발해야 하는 이유를 쓰라고 하므로 해당 문항에 제대로 답변한다는 의미에서 "(앞선 내용)이기 때문에 고려

대가 저를 선발해야 한다고 생각합니다"라는 표현을 굳이 사용했다.

중앙대학교 건축학과

2016학년도 학생부종합전형, 수도권 일반고등학교

이 학생은 국민대 건축학과에 진학한 학생으로 중앙대 건축학과에 1차 합격했으나 면접 과정에서 조금 적합하지 않은 답변을 하다가 불합격했다. 그러나 면접과 상관없이 3점대의 내신으로 중앙대 건축학과에 1차 합격했기 때문에 서류나 자기소개서는 건축학과를 지망하는 학생들에게 모범이 될 만하다. 특히 건축학과를 지망하는 학생들이 건축에 대한 전공적합성만 드러내려고 노력하는 데 반해 이 학생은 건축에 대한 뚜렷한 활동이 많지 않았던 상황에서도 이를 건축과 연계해 다양한 역량을 보여주었다는 점에 주목하자.

• 자기소개서 설계도 •

A_내가 되고 싶은 사람과 이루고 싶은 가치	A를 꿈꾸는 이유와 계기
사람들이 편안히 쉴 수 있는 건물을 짓는 건축가	– 어렸을 때부터 결과가 확실한 과학이나 수학을 좋아했는데, 건물같이 커다란 결과물이 생기는 건축을 주목하게 되었다.
B_A를 위한 과정 속에서 필요한 조건	**B를 내가 갖췄다는 증거**
– 건축학을 공부하기 위한 능력 : 수학적 능력, 물리적 사고, 논리력 등 – 미적 감각과 디자인 감각 – 협력이나 팀을 이루는 능력 – 기획력, 리더십	– 골드버그 장치 대회 – 건축 동아리 회장 활동 – 건축 관련 체험 활동 – 영어 수행평가(건축물 발표) – 물리, 수학 성적 향상 경험
C_대학이 필요로 하는 이유 및 대학이 바라는 인재상	**C의 대학이 바라는 인재상을 갖춘 증거**
– 건축가가 되려면 무조건 건축학과를 나와야 함 → 굳이 진학 이유 설명하지 않음 – 중앙대학교 인재상 : 학업 능력, 문화 친화성, 리더십, 봉사, 자기주도, 창의성	– 농촌 봉사 활동(벽화 및 지도 제작) – 성적 향상을 위한 스터디 그룹 창설 – 건축 동아리 운영 경험 – 학급 수업 간담회 참여 – 슬로 핀 볼 대회
D_대학에 가서 A를 이루기 위한 계획	**대학의 참고할 만한 진학 후 프로그램**
비교적 진로가 명확하고, A, B, C 서술 내용이 많아 따로 기술하지 않음	

자기소개서

01

고등학교 재학 기간 중 학업에 기울인 노력과 학습 경험에 대해 배우고 느낀 점을 중심으로 기술해 주시기 바랍니다.(1,000자 이내)

❶ 건축가는 한 명의 학자라고 생각합니다. '사물과 사람 사이에 집보다 더 중요한 것'이라는 ❷ 강의를 듣고 학자로서 건축가에게도 탐구에 대한 호기심이 중요하다고 생각했습니다. 그래서 ❸ 호기심을 가지고 관찰하려 노력했습니다. 예를 들어 과학실험이수제에 참가해 중력 가속도 측정, 아스피린 합성 등 과학적 원리와 현상을 탐구했고, 수학에서는 '이 원리는 어디에 적용될까'라고 스스로에게 묻고 답을 찾고자 수학 체험전에 참가하거나 방과후학교를 수강하며 수학적 지식을 쌓아갔습니다. 덕분에 수학과 과학 시간에 배우는 내용을 빨리 이해했고 그 이해를 바탕으로 수업 내용을 친구들에게 쉽게 설명해줄 수 있었습니다. 이러한 과정을 반복해서 수학과 과학에서는 늘 좋은 성적을 유지할 수 있었습니다. ❹−1 하지만 국어와 영어에서는 이 방법이 통하지 않았습니다. 방과후학교를 수강해도 영어 지문 분석에 어려움을 겪었고 고전 문학은 이해조차 힘들었습니다. 저는 이 문제를 해결하고 싶어서 주도적으로 '배움과 나눔'이라는 ❹−2 '스터디 그룹'을 만들었습니다. 평소에 부족했던 국어와 영어는 겸손하게 친구들에게 기초부터 배우면서 저에게 부족한 부분을 파악할 수 있었고 조언을 바탕으로 문학 작품과 영어 지문 해석을 매일매일 조금씩 연습해 나갔습니다. 반대로 제가 자신 있는 수학과 과학을 할 때는 주도권을 잡고 개념 설명부터 문제 해결까지 친구들을 이끄는 역할을 했습니다. 특히 기하와 벡터에서 공간 도형 문제가 나오면 친구들이 이해하기 쉽도록 그림을 그려서 문제를 시각화했습니다. 친구들은 만족했고 저

또한 친구들을 이끌기 위해 사전에 준비하면서 실력을 키울 수 있었습니다. 결과적으로 ❸ 3학년 성적은 급상승했고 기하와 벡터 과목에서는 1등급을 받을 수 있었습니다.

지적인 호기심은 제게 이런 학습 경험과 학업 과제를 선물했습니다. ❺ 그 속에서 탐구에 대한 열정, 끈기 무엇보다 협력할 수 있는 태도를 배웠고 앞으로 있을 많은 진로 과정의 장애물도 이런 가치들을 가지고 헤쳐나갈 힘을 배웠습니다.

📝

분석포인트

❶, ❷ 학업 능력을 보여줄 것이라는 암시를 주는 적절한 첫 문장이다.

❸ 수학, 과학 능력을 통해 학업 능력을 보여주는 부분이다. 성적을 올리는 구체적인 서술을 살펴볼 수 있다. 결국 성적이 올랐다는 결과를 서술함으로써 학업 능력을 뒷받침하는 근거를 객관적으로 제시하였다.

❹-1 자기소개서를 재미있게 만들어주는 활동 디자인이 돋보인다. 새로운 자극이나 문제를 제시하고, 이 문제를 해결하는 방법을 보여주면서 다양한 고민과 다각적인 문제 해결 능력을 드러냈다.

❹-2 스터디 그룹이라는 해결책으로 협력, 리더십 등의 가치를 학업 역량과 함께 보여주었다.

❺ 학업 능력을 향상시키는 경험을 통해 끈기와 열정을 보여주고, 앞으로도 해결할 수 있다는 의지 등을 깨달은 점을 서술하였다. 이처럼 가치를 반복적으로 제시하는 것이 중요하다.

02

고등학교 재학 기간 중 본인이 의미를 두고 노력했던 교내 활동을
배우고 느낀 점을 중심으로 3개 이내로 기술해 주시기 바랍니다.
단 교외 활동 중 학교장의 허락을 받고 참여한 활동은 포함됩니다.

(1,500자 이내)

❶ 동아리는 건축의 '멘토'가 되었습니다. ❹ '구스타브 에펠 건축과 모듈' 등 주제별 발표를 하며 세계적으로 유명한 작품들과 건축가들의 삶을 알 수 있었고 보고서를 작성하며 건축가들의 자료를 모을 수 있었습니다. ❻ 또 공간 사옥 모델링 작업을 하며 모형 제작을 할 때는 재료의 특징을 살펴야 하고 섬세한 작업이 필요하다는 것을 깨닫고 정확히 길이를 재는 연습을 반복했습니다. 그 결과 이후의 작품에서는 빈틈없이 정확한 모형을 만들 수 있었습니다. 동아리 회장이 되어서는 모두가 참여할 수 있는 활동이 있으면 좋겠다는 생각을 하며 다 같이 갈 수 있는 답사를 기획하였습니다. 투표를 통해 북촌 한옥마을을 선정했고 그곳에서 생활하시는 분들에게 피해가 가지 않도록 지켜야 할 규칙과 답사 경로를 혼자 계획해 부원들에게 알려주었습니다. 그러나 몇몇 부원들은 계획에서 몇 부분을 수정했으면 좋겠다고 말해주었고 저는 수용하며 토론을 통해 계획을 수정했습니다. 답사 당일 출석률은 100%였습니다. 덕분에 모두가 만족하는 성공적인 답사를 할 수 있었고 리더는 팀원과 100% 소통해야 한다는 것을 깨달았습니다. ❼ 저는 동아리에서 건축가로서 겪을 일들을 조금이나마 체험해볼 수 있었습니다.

❷ 영어 프로젝트 수업은 건축물 뒤에 숨은 배경을 볼 수 있게 도와주었습니다. 영어 프로젝트 ❺ 주제를 가우디로 선정했습니다. 처음 자료 조사를 할 때는 무작정 건물의 특징만 해석해 정리했습니다. 그러다 보니 팀원들 모

두 이유도 모른 채 특징들만 암기했습니다. 저는 이게 문제라고 생각했고 이해를 돕기 위해 가우디의 삶과 가치관, 주변 환경을 조사했습니다. 이 과정을 마친 뒤에는 각 건물의 사연을 알 수 있었습니다. 다른 사람들도 건축이 단순히 모양과 특징이 아니라 하나의 철학이고 누군가의 생각과 삶이 담겨 있다는 것을 알길 바라서 가우디처럼 분장하고 연기를 하며 영어로 발표했습니다. 많은 친구들이 발표에 흥미를 느끼고 궁금증을 질문하는 모습을 보고 즐거웠습니다. 언어, 생활방식, 전통 등 그 나라의 문화와 설계자의 가치관, 삶에 대해 제대로 이해해야 건축물의 모든 것을 이해할 수 있다는 것을 알았습니다.

❸ 과제 연구는 본질을 파악하는 눈을 갖게 해주었습니다. 골드버그 초보자가 쉽게 장치를 만들 수 있도록 도와주는 소논문을 작성했는데 어떤 장치든 그것의 본질, 즉 뿌리가 되는 원리를 파악하고 정리하면 모든 장치들이 하나의 체계를 갖출 수 있다고 생각했습니다. 원리를 체계화하고 그 내용을 바탕으로 제작 과정을 알고리즘화해서 초보자들이 쉽게 장치를 만들 수 있도록 매뉴얼을 만들었습니다. 고등학생 수준의 논문이 아니라는 선생님의 칭찬을 듣고 매우 뿌듯했습니다. 논문을 쓰고 난 후 본질을 파악하면 쉽게 원리와 목적, 해결책을 알 수 있다는 생각을 했고 수학 문제, 사회현상, 건축 등 무엇을 보든 본질을 파악하려 했습니다. 결과적으로 문제가 발생하면 근본적인 원인 파악을 우선으로 하게 되었고 겉모습보다 내면의 본질적인 모습을 꿰뚫어 보게 되었습니다.

📝
분석포인트

❶, ❷, ❸ 활동의 의의를 직접적으로 서술하는 가장 기본적인 방법을 사용했다. 비유나 별명 같은 참신한 방법을 사용하면 좋겠지만, 자칫 잘못하면

의미 전달이 더 약해질 수 있으므로 자신이 없다면 이처럼 직접 서술해도 좋다.

❹, ❺ 어떤 활동을 서술할 때 구체적인 주제나 제목 이름을 서술하는 방식은 활동의 진정성을 보여주고, 사실성을 높이는 매우 중요한 역할을 한다.

❻ 꼼꼼함, 리더십, 소통 능력 같은 가치들이 드러날 수 있도록 활동 과정에서 고민과 문제 해결 과정을 자세하게 서술했다.

❼ 동아리가 건축가로서의 연습이었다는 것을 부각하면서, 건축가가 되는 데 필요한 자질을 갖추었음을 이야기하는 부분이다.

03

학교생활 중 배려, 나눔, 협력, 갈등 관리 등을 실천한 사례를 들고,

그 과정을 통해 배우고 느낀 점을 기술해 주시기 바랍니다.

(1,000자 이내)

❶ '재능을 통한 나눔은 저를 기쁘게 했습니다.'

농촌 봉사 활동에서 만난 할아버지는 혈액 투석을 하시는 분이었습니다. 저의 친할아버지께서도 혈액 투석을 하셔서 ❷ 남들이 봉사 활동을 할 때 저는 친할아버지를 간호해드렸습니다. 그래서 운동이 혈압을 개선하고 노폐물 배출을 도와줘서 혈액 투석 환자에게 좋다는 것을 알고 있었습니다. 저는 다른 질병이 없다는 말을 듣고 할아버지께 산책이 혈압에 좋다고 알려드렸습니다. 그 뒤 할아버지의 동의하에 산책을 도와드릴 수 있었습니다.

또 마을 분들이 ❸ 마을을 홍보할 수 있는 지도를 만들어달라고 부탁하셨습니다. 저는 마을을 돌아다니며 특징적인 사물들을 관찰한 다음 면사무소에 방문해서 실제 지도를 얻었습니다. 이장님이 말씀해 주신 마을의 역사를 듣고 지도에서 ❺ 부각해야 할 것들을 강조하면서 지도를 그렸고 어르신들도 쉽게 볼 수 있도록 큰 글씨를 사용했습니다. 그렇게 순천 화지마을의 지도를 완성해서 마을회관에 설치했습니다.

농촌 봉사 활동을 떠나기 전 폐교가 된 학교가 있다는 말을 듣고, ❹ 조를 나눠서 벽화를 그리기로 결정했습니다. 폐교란 말을 들으면 ❻ 부정적인 이미지가 떠오르므로 분위기를 화사하게 바꾸려고 고민했습니다. ❼ 유명한 벽화마을의 사진을 찾아 어떤 색깔을 이용하는지, 어떤 그림을 많이 쓰는지 등을 알아봤습니다. 실제로 그림은 편안한 느낌을 주고자 밝은 톤의 노란색, 분홍색, 하늘색을 이용했고 복잡한 그림보다는 누구나 알아볼 수 있는 간단한 패턴 형식의 그림을 그려서 폐교의 분위기가 밝아졌습니다. 모둠 작업이 끝난 후에는 다른 모둠 친구들을 도우며 벽면을 채워갔기 때문에 벽화작업은 해가 지기 전에 마칠 수 있었습니다. ❽ 제 능력이 다른 곳에서 쓰이고 그 결과가 남들에게 기쁨이 되는 모습을 보며 자존감도 올라가고 성취감도 있었습니다.

농촌 봉사 활동을 돌아보며 제가 가진 능력을 사용해 봉사할 때 가장 기쁘다는 것과 봉사는 열정을 가지고 시작해야 함을 깨달았습니다.

📝
분석포인트

❶ 첫 문장이 3번 문항 전체의 메시지, '재능을 통한 나눔과 그 속에서의 기쁨'을 가장 잘 요약해준다.

❷ 특수한 사례지만 지원자가 친할아버지 간호를 하느라 봉사활동 시간

이 다른 지원자에 비해 낮았다는 것을 평가자에게 알려주고자 서술한 문장이다.

❸, ❹ 활동을 소개하는 부분은 간략하게 서술했다.

❺, ❻, ❼ 이 활동들을 하고자 지원자가 고민한 부분을 자세하게 설명했다. 단순히 나눔이 아니라 '미적 감각', '사용자 편의에 대한 배려' 등 건축가에게 필요한 자세들이 잘 드러났다.

❽ ❶에서 느낀 점을 다시 제시하고 심화하면서 끝을 맺었다.

04

아래에 제시된 평가 요소 중 추가로 보충하고자 하는 내용에 대하여

구체적인 사례를 중심으로 기술해 주시기 바랍니다.

– 다빈치형 인재 : 학업 역량, 지적 탐구 역량, 성실성, 자기주도성, 창의성, 공동체 의식

❶ 저는 '자기주도 학습캠프'와 '학습코칭 전문가와 함께하는 학습 방법'을 통해 효율적으로 공부하는 방법을 찾으려 했습니다. 가장 쉬운 방법은 야간 자율학습에 참여하는 것이었습니다. 저는 3년 동안 야간자율학습에 빠짐없이 참여하며 자기주도적인 태도를 길렀습니다. 혼자서 부족한 내용이 있을 때는 방과후학교를 신청했고 모두 빠짐 없이 참여하면서 부족한 부분을 채우려 노력했습니다.

❷ 3학년에는 학급청결 도우미로 활동해야 했으므로 아침 일찍 등교해서

어지러운 교실을 정리해 친구들이 깨끗한 환경에서 공부할 수 있도록 만들었습니다. 청소에 뿌듯함을 느끼고 아침에 할 수 있는 일을 더 찾아보다가 스터디 그룹을 아침에 하면 좋겠다고 생각하고 남들보다 더 일찍 나와서 스터디를 진행했습니다. 이 과정에서 성실함이 성적 향상의 원동력이라고 느꼈고 성실한 태도를 갖추면 무엇이든 할 수 있다고 생각합니다.

슬로 핀 볼 대회를 통해 창의성에 대해 돌아보았습니다. 목표는 라면 상자 안에서 가장 느리게 목표 지점에 구슬이 도착하도록 만드는 것이었습니다. 남들은 모두 구슬이 지나가는 '길'의 마찰력을 높이려고 구조물을 설치하거나 방지 턱을 만들었지만 저는 그러한 시도가 너무 평범하다고 생각했습니다. ❹ 저는 남들과 반대로 생각하여 '구슬'의 마찰력을 높이는 방법을 생각했습니다. 끈적거리는 재료를 찾던 중 치약이 가장 적합하다고 판단했고 실제로 적용했습니다. 결과는 대성공이었습니다. 구슬이 눈으로 보일 정도로 느리게 회전하며 굴러갔고 연습 경기에서는 팀 중 최고 기록이 나왔습니다. 그러나 본선 경기에서는 치약을 과도하게 사용해 멈춰버리는 일이 발생했습니다. 이 모습을 보면서 너무 이상만을 바라보며 전진하면 주변의 기본적인 것들을 놓칠 수 있다는 것을 깨달았고 합리적인 창의성이 필요하다고 느꼈습니다.

3학년 1학기를 보낸 뒤 저희 반에 변화가 필요했습니다. 입시 때문에 수업을 선택적으로 듣는 학생들이 많아졌고 수업 진행이 힘들었습니다. ❸ 저는 이러한 문제를 해결하려고 학급의 '간담회'에 참여해 교사와 학생이 소통하며 함께 좋은 수업을 만들기 위해 노력했습니다. 각 교과 시간마다 불편한 점과 힘든 점에 관해 토론하며 1학기 수업을 돌아보았습니다. 저는 수학 교과 시간에 보인 우리 반의 태도에 대해 의견을 제시했고 부족했던 점과 건의할 사항을 정리했습니다. 그러나 이것은 저희 반만의 문제가 아니었습니다. 대부분의 학생이 저희 반과 비슷한 태도였으므로 저는 저희 반만 바뀌어서는 안 된다고 생각했고 다른 반의 이야기를 듣고 싶어서 3학년의 좋은 수업 간담회에 참여했습니다. 그곳에서 모든 반의 공통적인 문제점을 알아보고 앞으로 협력적이고 성장이 있는 수업을 하기 위한 해결 방안을 모색했습니다. 많은 학생과 선생님의 의견이 모여 수업을 변화시킬 방안들이 나왔고 이를 정리하면서 간담회는 성공적으로 마쳤습니다. 이 경험을 통해 공동체가 변화하려면 모두의 참여와 노력이 필요하다고 느꼈습니다.

📋
분석포인트

❶, ❷, ❸ 1번, 2번, 3번 문항에서 보여주지 못한 중앙대 인재상을 채우려고 세 가지 활동으로 가치들을 직접적으로 서술했다. 중요한 것은 단순히 활동을 설명하는 것이 아니라 활동을 통해 내 모습과 고민을 드러낸 점이다.

❹ 슬로 핀 볼 대회에 참가한 이야기는 창의성뿐 아니라 물리학적 사고 등 학업과 관련한 능력까지 보여준다.

이화여자대학교 컴퓨터공학과

2017학년도 미래인재전형, 비서울 일반고등학교

이 학생의 내신은 일반고 기준 1.5였다. 이 학생은 2학년 말에 들어서 진로를 결정했기에 컴퓨터 공학과에 지원하는 다른 학생들에 비해 전공적합성이 다소 부족했다. 따라서 부족한 탐구활동이나 직접적인 프로그램 개발 경험 대신, 컴퓨터 공학에 필요한 다른 전공적합적 능력을 강조하기 위해 노력했다. 컴퓨터 공학과에 가고 싶지만 직접적인 활동이 부족한 학생들이 있다면 참고해 도움을 받을 수 있을 것이다.

・ 자기소개서 설계도 ・

A 내가 되고 싶은 사람과 이루고 싶은 가치	A를 꿈꾸는 이유와 계기
응용 소프트웨어 프로그래머	어릴 적부터 나의 콘텐츠를 통해 사람들을 즐겁게 하고 도움을 주기를 좋아해, 사람들의 니즈에 공감하는 소프트웨어를 개발하는 개발자가 되고 싶어 함

B_A를 위한 과정 속에서 필요한 조건	B를 내가 갖췄다는 증거

– 수학 실력 & 논리력
– 프로그래밍 개발 경험
– 콘텐츠 기획과 개발 능력
– 창의력
– 지적 호기심
	– 안드로이드 스케줄링 앱 개발
	  (컴퓨터 동아리)
	– 논문읽기 대회
	– 학급 수학 부장 경험
	– 창의적 아이디어 경진대회
	  (꼼꼼한 아이디어 메모습관)
	– 자동 물공급 장치 만들기 대회

C_대학이 필요로 하는 이유 및 대학이 바라는 인재상	**C의 대학이 바라는 인재상을 갖춘 증거**
– 주도하는 인재 – 지혜로운 인재 – 실천하는 인재	– 양로원에서 봉사한 경험을 통해 자신의 능력을 실천적으로 활용함 – 안드로이드 앱 개발을 실제로 프로그래밍을 주도적으로 공부해 진행해봄 – 소프트웨어 관련 논문을 읽고 요약하고 개선점을 분석해 논문읽기대회에서 수상함 – 합창대회에서 리더 역할을 맡아 갈등을 조율함 – 학급 수학부장을 맡아 갈등을 조율하고 수학적 능력을 활용해 학급 친구들을 도움
D_대학에 가서 A를 이루기 위한 계획	**대학의 참고할 만한 진학 후 프로그램**
이대는 4번 문항이 없어서 따로 대학에서의 계획을 밝히지 않음	

01

고등학교 재학기간 중 학업에 기울인 노력과 학습 경험에 대해, 배우고 느낀 점을 중심으로 기술해 주시기 바랍니다.(1,000자 이내)

❶ 저는 콘텐츠를 나누는 것을 좋아합니다. 어릴 때, 좋아하는 음악을 공유하는 음악 블로그나 연예인 스티커를 만들어 파는 카페를 직접 운영하는 등 언제나 직접 콘텐츠를 만들었습니다. 공부할 때도 저는 콘텐츠를 만들 듯 문제를 만들고, 문제집도 스스로 만들어 공부했습니다.

❷ 고등학교에 오니, 수학 성적 때문에 고민하는 친구가 많은 것을 보고, 수학부장이 돼 제 콘텐츠를 나누면 좋겠다고 생각했습니다. 선생님께서도 흔쾌히 허락하셨으나 문제가 있었습니다. 선생님께서는 매 수업마다 문제 콘텐츠를 만들기를 원하셨지만, ❸ 매일 있는 수학 수업을 감안하면, 제 시간이 매우 줄어들 수밖에 없었습니다. 포기할까 고민하다가, '절충'점을 찾기로 결심했습니다. 주당 5번에서 3번으로 횟수를 줄이는 대신, 푼 문제를 채점하고, 답안뿐 아니라 해설도 제공하기로 했고, 담당자를 1명 더 뽑아, 해설을 여러 방법으로 제공해 콘텐츠의 '질'을 더 높이겠다고 말씀드렸습니다. 횟수가 줄었지만, 질을 높이는 절충안이 채택돼 수학부장을 맡았습니다. ❹ 그렇게 저희 반은 수학에서 1등을 차지할 수 있었고, 저 역시 공부 시간을 유지하면서도 한층 깊게 공부해 수학 교과 우수상을 받았습니다.

3학년 때 담임선생님은 2명의 친구와 함께 반 친구 전체의 성적을 관리하게 하셨습니다. 수학부장과는 다르게, 다양한 과목의 성적을 관리하는 만큼 학생마다의 성적과 공부 특성을 반영해야 했습니다. ❺ 수학은 난이도를 고려해 개념에 맞는 문제를 선별했고 단원 마무리에는 높은 난이도의 문제를 출제해 더 깊게 공부할 수 있도록 했습니다. 국어와 영어는 선생님께서 필기하신 내용을 지문에 함께 정리해 공유했습니다. 각자의 특성을 고려하는 일은 힘들었지만, 그 결과 꼴찌였던 반 평균 성적이 2등까지 올랐습니다. 제 성적도 올랐지만, 2학년 3학년을 거치면서 '콘텐츠를 만드는 사람'으로서 상대를 고려하고, 한정된 자원 속에서 '절충점'을 찾아 노력하면 최선의 결과를 낼 수 있다는 것이 더 큰 깨달음이었습니다.

분석포인트

❶ 학급 동아리, 학생회 등 경험이 없는 학생이었다. 학습부장만이 리더십을 드러내기 좋은 활동이자 학습 경험이었다. 따라서 1번 문항에서는 학습부장 경험으로 지적 호기심, 전공적합성과 함께 리더십을 드러내고자 노력했다. 자신의 것을 나누는 학습 방법과 리더십을 함축적으로 첫 문장에서 잘 표현하고 있다.

❷ 스스로 수학부장을 맡은 자발성을 강조해 리더십을 어필하고 있다.

❸ 리더로서 사익과 공익이 부딪히는 상황에서 절충점을 찾았다는 점과 사익을 어느 정도 희생하는 사고 과정을 구체적으로 작성해서 리더십과 문제 해결력을 어필하고 있다.

❹ 상대적으로 지원하는 대학에 비해 수학, 과학 성취가 높고 성취 결과를 수상 등으로 뚜렷하게 내보일 수 있는 학생이라서 과학이나 수학적 사고 과정을 구체적으로 쓰기보다 수상과 결과를 강조했다.

❺ 수업에 충실하게 참여하는 모습과 동시에 새로운 문제를 해결하는 모습을 보여주고 있다. 역시 학업 성취가 높기 때문에, 이는 학생부로 보여주

고 자기소개서에는 전반적으로 콘텐츠를 만드는 사람과 리더라는 면모를 강조했다.

02

**고등학교 재학기간 중 본인이 의미를 두고 노력했던 교내 활동을
배우고 느낀 점을 중심으로 3개 이내로 기술해 주시기 바랍니다.
단, 교외 활동 중 학교장의 허락을 받고 참여한 활동은 포함됩니다.**

(1,500자 이내)

❶ 아이디어로 세상을 바꾸고 싶던 저는 ' 프로그래밍 '이라는 도구를 선택했습니다. 평소 불편점이나 개선점이 생각나면 메모하는 습관이 있었기에 메모가 아이디어로만 머물지 않게 하려고, ❹ 프로그래밍 동아리 'ICSC'에 들어갔습니다. 평소 스마트폰으로 시간을 낭비하는 것이 문제라고 생각하던 차에 동아리에서 문제의식을 공유하는 친구들을 모아 '안드로이드 내 알람 어플 개발 프로젝트'를 진행했습니다. 알람 기능으로 스마트폰 사용을 통제한다는 콘셉트를 두고 다 같이 협력해 스토리보드를 구상했습니다. ❺ 개발 실력이 부족했지만, 『Do it! 안드로이드 앱 프로그래밍』이라는 책을 보고, 이클립스를 이용한 자바 강의를 들으면서, 기능별로 담당자를 정해 기능을 구현해갔습니다. ❻ 휴대폰 환경에서 처음 구동할 때 디버깅 문제가 발생했고, 일정관리 부분에서 설정단으로 넘어갈 때도 문제가 생겼지만, 다양한 수식을 적용하고 선생님의 도움을 받아 해결했습니다. 아마추어 개발이었지만, 실제 문제점을 프로그래밍으로 해결한 작은 경험이었습니다.

❷ '논문읽기대회'를 통해 하나의 연구를 제대로 이해하려면 그보다 많은 '공부'가 필요함을 배웠습니다. 1학년 때는 화학 동아리에서 '친환경적인 곰팡이 제거제 연구'를 진행하면서, 관련 논문을 읽고 보고서를 작성해 논문읽기대회에 참가했습니다. 실험과 관련된 사실을 요약해 보고서를 썼는데, 상을 타지 못했습니다. ❼ 2학년 때는 프로그래머 환경을 주제로 같은 대회에 참가했습니다. 관심이 있던 주제인 만큼, 하나의 논문을 읽으려고 해당 회사를 조사하고, 실제 종사자의 인터뷰를 참고했으며, 다른 관점의 논문을 읽는 등 실제 논문보다 훨씬 많은 글을 읽었습니다. 화학 논문을 읽을 때와는 달리, 단편적 사실뿐 아니라 연구자가 실제 개발자의 관점에 다가서지 못하고, 연구 요소를 고려할 구체적인 기준을 제시하지 못한다는 문제점을 발견했습니다. 이를 토대로, 사실 요약뿐 아니라 개선점과 추가 연구 방향 등을 제시하는 보고서를 썼습니다. 그 결과 논문읽기대회에서 2등을 수상했고, 발전과 개선은 더 많은 공부에서 나옴을 배웠습니다.

❸ 자동물공급장치대회 수상 실패는 저에게 '창의성'의 정의를 바꾸어주었습니다. 제가 대회에 나가면서 고민한 점은 '무엇을, 어떻게'였습니다. 다른 팀보다 돋보이는 방법을 사용해 문제를 해결하려 했습니다. 다양한 모양으로 물 양의 정확도를 높이려고 저희 조만 페트병을 사용했는데, 페트 재질이 본드에 녹는 등 정밀성을 높이려고 시도한 창의적인 방법이 오히려 시간을 낭비하게 했습니다. ❾ 하지만 결국 문제를 해결해, 저희 장치는 다른 친구들의 것에 비해 '자동성'이 강하고, 공급되는 물의 양이 정밀하게 조절되며, 창의적인 방법으로 문제를 해결했다는 평을 받았습니다. 하지만, 다른 조에 비해 시간을 초과 사용하는 바람에 결국 수상에 실패**했습니다.** ❽ 독창적이고 뛰어난 아이디어로 문제를 해결하는 것은 중요하지만, 무엇보다 시간 같은 한정된 자원을 비롯한 모든 '조건'을 빠짐없이 고려하는 것이 진정한 '창의성'임을 배웠습니다.

분석포인트

❶, ❷, ❸ 첫 문장에서 각 활동을 통해 깨닫거나 성장한 점이 무엇인지를 함축적으로 잘 표현했다. 무리한 비유보다 직접 깨달은 점을 어필하는 첫 문장이 들어간 자기소개서다. 2번 문항 서술에서는 가장 모범적인 사례라고 볼 수 있다.

❹ 동아리를 들어간 계기가 중요하다면 이 사례처럼 그 계기를 서술해주는 것도 적극적으로 진로를 탐색하는 모습을 보여주기 좋다.

❺ 문제를 해결하는 과정에서 독서를 활용하는 모습을 보여주는 부분이다. 활동하는 과정에서 문제가 발생하고, 그를 해결하는 방법으로서 독서를 거론하는 방식은 (특히 서울대에서) 문제 해결력 측면에서 긍정적으로 평가받을 수 있는 요소다.

❻ 특히 컴퓨터 공학과는 내신만큼이나 전공 수학 능력과 개발 경험 자체를 중요시하는 경향이 있다. 따라서 기술 용어를 언급해주는 식으로 전공적 합성을 조금 더 어필했다.

❼ 문제점을 개선하려고 더욱 공부했고, 그 과정에서 느낀 내용을 구체적으로 서술하고 있다. 문제점을 해결하는 과정이 반복되지만, 어떤 노력을 들였는지 서술해줌으로써 성장했다는 모습을 보여주었다. 전반적으로 탐구 능력을 전문적으로 드러낼 활동이 부족했기 때문에 이 부분에서 만회하려고 그 부분을 중점적으로 어필했다.

❽ 실패한 경험을 서술하고 있어서 인상 깊은 자기소개서다. 반드시 성공한 일만 자기소개서에 들어가야 하는 것이 절대 아니다. 실제로 면접에서

이 실패에 관해 질문받았을 만큼 관심을 끈 소재이기도 하다. 실패했더라도, 그 과정에서 본인이 성장했다는 점을 ❾처럼 구체적으로 드러내고, ❽처럼 느낀 점을 서술한다면, 성공적인 활동보다 더 성장을 잘 보여줄 수 있다.

학교생활 중 배려, 나눔, 협력, 갈등 관리 등을 실천한 사례를 들고, 그 과정을 통해 배우고 느낀 점을 기술해 주시기 바랍니다.

(1,000자 이내)

❶ 중학교 때까지 피아니스트를 꿈꿨을 만큼 피아노를 좋아하다 보니, 피아노로 봉사하기로 결심했고, 요양원에서 연주 봉사를 시작했습니다. 처음엔 제가 좋아하는 클래식을 들려드렸는데, 마치 대회를 보러온 관객처럼 다들 딱딱하게 맞이하셨습니다. 저는 제 연주를 편히 즐기셨으면 좋겠다고 생각해 ❷ 양로원 목사님과 상의하여 어르신들이 좋아하시는 찬송가와 더 대중적인 클래식 곡을 선정해 연주하며 공감대를 형성했습니다. 그러자 제 연주를 기다리시기 시작했고, 원하는 연주곡을 말씀해주실 만큼 편하게 즐기셨습니다. 단순히 일방적인 '봉사'가 아니라, 공감대를 형성하고 교류하려고 노력하니 피아노 소리만큼 아름다운 '웃음소리'가 화답해 왔습니다.

2학년 말에는 2개 반이 연합으로 출전하는 합창대회에서 피아노 반주를 맡았습니다. 친구들이 잘 협조하지는 않았지만 나름대로 순조롭게 연습했는데 문제가 생겼습니다. 준비한 '슈퍼맨'과 '그대에게'라는 두 곡 중에 슈퍼맨은 무반주 합창으로 준비했는데, 이것이 규정에 어긋나 아예 참여가 불가하다는 것을 대회 당일에 알게 된 것입니다. 그러자 그나마 협조하던 친구들도 대회를 포기하자는 등 비협조적인 태도를 보였습니다. 책임자인 지휘자와 저역시 포기를 고민했지만, 친구들이 쏟아 준 시간과 절실함을 두고볼 수 없어 저는 핵심 문제인 반주를 당일에 급하게 만들었습니다. 지휘자는 반주를 녹음하고, 흩어진 친구들을 모았습니다. 대부분 대회를 포기하려 했지만, 열심히 참여한 몇몇 친구는 완성된 반주를 듣고 참가하자는 반응을 보였습니다. 지휘자와 제가 솔선수범하고 절실함을 보이니 다들 참여해 연습은 물론이고 대회까지 출전할 수 있었고, 음악 선생님께도 좋은 평가를 받았습니다. 절실함과 솔선수범이 아름다운 합창소리를 만들어낸 것입니다. ❸ 개발을 하다보면 언제든 팀의 의견이 달라지고 절망스러운 상황도 있겠지만, 관심과 솔선수범을 통해 아름다운 소리를 만든 경험을 바탕으로, 이를 극복하고 우수한 결과물을 만들 수 있다는 자신감을 얻었습니다.

📋
분석포인트

3번 문항의 소재는 식상한 합창대회였다. 하지만 합창대회에 단순히 참여만 한 것이 아니라, 반주를 맡았기 때문에 피아노를 잘 치는 지원자의 특성을 보여준다. 대학은 다양성을 중요시하기 때문에 다른 지원자들과 구분될 수 있는 '다양성'(예체능적 재능, 특별한 경험이나 상황에서 생긴 자신만의 특징 등)이 있다면 어필해주는 것이 좋다. 피아노를 잘 친다는 예술적 소양을 3번에서 드러내고자 했다.

❶ 피아노 연주자가 꿈이었는데 고등학교 때 진로가 바뀌면서 공부를 시작했으니, 초등학교, 중학교 때부터 공부만 한 학생에 비해 다소 불리할 수

있는 처지였지만 우수한 교과 성취를 거두었다는 점을 어필했다.

❷ 공감함으로써 문제를 해결하는 과정을 구체적 사례를 통해 보여주고 있다.

❸ 1번과 2번 문항에서 잘 드러나지 않은, 개발자에게 반드시 필요한 소통과 협력 능력을 보여주고 있다. 더불어서 리더십도 보충됐다. 실제로 학생은 자기소개서 제출 없이 1차를 통과한 대학에서 면접을 본 적이 있는데 왜 리더십과 관련한 활동 경험이 없는지 질문을 받았다고 했다. 대학이 학생의 리더십에 실제로 관심이 많다는 것을 보여주는 사례이며, 이 부분을 1번과 3번에서 적절히 보충하고 있다. 계속 강조하지만 3번은 인성만 보여주는 곳이 아니다. 1, 2번에서 보여주지 못한 모습, 때로는 예체능같이 다양한 역량을 드러내는 곳이다.

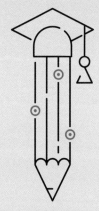

대치동 입시컨설턴트가 알려주는
2022, 2023 자소서 작성비법

새로 바뀐 대입자기소개서 자연계열

초판 1쇄 인쇄 2021년 4월 15일
초판 1쇄 발행 2021년 4월 26일

지은이 어준규
펴낸이 조종현
책임편집 정희숙
책임교정 이일서
표지·본문 디자인 투에스디자인
펴낸곳 길위의책

출판등록 제312-25100-2015-000068호 · 2015년 9월 23일
주소 03763) 서울시 서대문구 이화여대8길123, 105-607
전화 02-393-3537
팩스 0303-0945-3537
블로그 https://blog.naver.com/roadonbook
이메일 roadonbook@naver.com

ⓒ 어준규 2021

ISBN 979-11-89151-17-1

활동 내역 정리 및 설명 문서

소속 학교 :   고등학교   이름 :

　이 책에 소개한 합격생의 전문 사례 내용을 확인했다면 자신의 자기소개서 작성을 위한 활동 틀을 작성해보기를 바란다.

　이 양식은 자기소개서 작성 전에 자신의 3년간의 고교생활 활동 내역을 학생 스스로 정리해보는 문서이다. 학생이 직접 채우는 것이 가장 바람직하나, 학생이 혼자 채우기 버겁거나, 빠뜨리는 것이 있을 수 있으므로 부모님이나 친구들의 기억을 빌려서 작성해보는 것도 좋다.

1. 진로 희망 사항

학년	진로 희망 + 내용	진로 희망 + 내용
1		
2		
3		

2. 활동 내역 및 내용 정리

활동종류	활동명	간단한 내용 설명
수상 및 교내대회	수상한 상 혹은 수상하진 못했지만 의미있었던 대회의 이름을 써주세요. ex. 기발한 아이디어 경진대회	수상까지의 느낀 점, 과정, 혹은 수상하지 못했지만 의미있는 이유를 써주세요. ex. 평소에 좋은 아이디어를 메모하는 습관이 있고 이를 바탕으로 수상
동아리	동아리 이름을 써주세요. 동아리에서 진행한 활동들을 각각 써주세요.	3년 내 동일했는지, 바뀌었는지, 바뀌었다면 이유는 무엇인지 써주세요. 동아리에서 진행한 활동들의 내용과 각 활동에서의 역할을 써주세요.
봉사	봉사활동 내용과 시간을 기록해주세요.	봉사활동에서의 느낀 점, 구체적 활동과 역할을 써주세요.

활동종류	활동명	간단한 내용 설명
탐구(R&E 등)	탐구보고서의 제목을 써주세요.	탐구보고서의 내용을 써주세요. 탐구보고서를 바탕으로 수상했다면 수상과 탐구활동 란에 모두 기술해주세요.
교과활동 내 특이사항	교과 활동에서 본인이 했던 구체적인 활동이나 주도적으로 방과후 학교, 수행평가 등에 참여한 경험이 있는 경우 기술해주세요. ex1. 경제시간에 한 단원을 맡아 발표함 ex2. 영어시간에 가우디의 건축물에 대해 영어로 발표함	구체적인 내용을 기술해주시고, 학생부에 기록된 경우 기록되었음을 표시해주세요.
독서활동	자기소개서에 기술하고 싶은 도서(서울대의 경우 필수)나 독서문항이 없어도 인상 깊어서 기술하고 싶은 도서와 저자를 써주세요.	인상 깊었던 이유와 간단한 내용을 기술해주세요.

활동종류	활동명	간단한 내용 설명
기타 외부 활동	기타 외부 활동 중 학생부에 없지만, 자기소개서에 쓸 만큼 인상 깊었던 활동을 기록해주세요. ex. 서울대 전공 캠프	인상 깊었던 이유와 구체적 내용, 역할을 기술해주세요. ex. 전공캠프에서 호기심을 얻어 탐구 활동으로 이어짐

3. 기타 삶에서 인상 깊은 활동 + 꼭 알아두었으면 하는 점

자소서와 관계없을 수도 있지만, 선생님이 학생을 이해함에 있어 도움이 될 만한 것들을 적어주세요. 부모님이나 주변인들의 도움을 받아도 좋습니다. 사소한 일도 모두 좋습니다.

연번	내용
1	ex1. 어린 시절부터 블로그를 통해서 다른 사람들과 컴퓨터 관련 지식을 나누는 활동을 꾸준히 해왔음 ex2. 중학교 3학년 때 학교 대표로 한일문화교류단에 참석해 일본 도쿄에서 일주일 동안 머뭄 ex3. 사업가이신 아버지의 영향으로 어린 시절부터 사업 모델을 구성해 보는 데에 익숙했음
2	
3	
4	